高等院校“十三五”会计系列规划教材

安徽省一流本科教材

INTEGRATED ACCOUNTING MOCK PRACTICAL TRAINING COURSE

会计综合模拟实训教程

微课版 第二版

◆ 王玮 主编

◆ 杜俊娟 黄斯斯 张衡 副主编

人民邮电出版社

北京

图书在版编目（CIP）数据

会计综合模拟实训教程 : 微课版 / 王玮主编. -- 2版. -- 北京 : 人民邮电出版社, 2020.9
高等院校“十三五”会计系列规划教材
ISBN 978-7-115-54245-8

Ⅰ. ①会… Ⅱ. ①王… Ⅲ. ①会计学一高等学校一教材 Ⅳ. ①F230

中国版本图书馆CIP数据核字(2020)第098758号

内 容 提 要

本书以培养学生的会计核算、资金管理和税务申报能力为核心，以工作过程为导向，以新颁布的税收法规和新修订的企业会计准则为依据，并结合了作者多年从事会计教学、会计工作以及指导学生实习实训的经验，可以说是一本非常实用又好用的会计实践教材。

全书共分为五个部分，第一部分介绍了会计实务操作的基础知识；第二部分对电子发票的理论和实践进行了介绍；第三部分是原始凭证的填制与审核实训；第四部分是商贸企业综合实训，包括企业设立之初的办证，建账和账务处理，纳税申报等内容；第五部分是工业企业综合模拟实训，包括筹资、采购、生产、销售和利润分配全过程的经济业务处理，涵盖投资、借款、银行结算、捐赠、财产清查、固定资产的购置、坏账准备的计提等内容。

本书既可作为高等院校会计学、财务管理学、审计学等专业的会计实务操作课程的教材，也可作为会计从业人员的自学用书。

◆ 主　　编　王　玮
副 主 编　杜俊娟　黄斯斯　张　衡
责任编辑　刘向荣
责任印制　周昇亮

◆ 人民邮电出版社出版发行　北京市丰台区成寿寺路 11 号
邮编　100164　　电子邮件　315@ptpress.com.cn
网址　https://www.ptpress.com.cn
北京盛通印刷股份有限公司印刷

◆ 开本：787×1092　1/16
印张：14.25　　2020 年 9 月第 2 版
字数：422 千字　　2025 年 1 月北京第 6 次印刷

定价：46.00 元

读者服务热线：(010)81055256　印装质量热线：(010)81055316
反盗版热线：(010)81055315
广告经营许可证：京东市监广登字 20170147 号

前言 FOREWORD

会计是一门既包含丰富的理论知识，又具备较强的实用性和实践性的综合学科。随着社会经济的蓬勃发展，企业对会计人才综合素质的要求越来越高。本书力图将会计学科的理论知识与会计方法、会计基本能力、会计实务操作完美融合，并参照应用型会计人才培养要求，努力达到“实际、实用、实践”，理论要以实际应用为目的的目标。

本书以最新的税收法规与会计准则为依据，结合了作者十余年的会计教学和会计从业经验，按照会计工作的业务流程，模拟经济业务，突出对会计实操能力的培养，是一本具有系统的操作策略与方法的教科书和参考读物。

本书在框架结构上做了精心设计，既考虑了会计学科的整体性和系统性，又突出了对实操能力和策略技巧的培训。本书具有以下特色。

（1）内容全面新颖。本书模拟的经济业务覆盖面广，代表性强，重复量少，涵盖商贸企业以及工业企业的经济业务。并根据“绿色会计”的发展理念，设置了电子发票的理论与实践以及会计电子档案的内容，全面体现了最新的会计实务发展趋势。经济业务都是以企业最新发生的经济业务为典型代表，并融入编者多年的教学实践经验，可使学生在模拟实验中体验实际的会计业务处理过程。

（2）体现最新的税收法规与会计准则。本书根据新修订的企业会计准则和最新颁布的税收法律法规，模拟处理经济业务，以会计基础工作规范为依据，以会计的基本理论为基础，全面模拟商贸企业与工业企业的账务处理。模拟实训内容中突出了纳税申报以及增值税一般纳税人管理的全过程，使学生能够熟悉我国的税收流程。

（3）突出应用型人才培养目标。本书以增强职业能力、培养高素质会计应用型人才为目标，针对完成实际会计工作所需要的知识、能力、素质要求，与企业的岗位对会计职业能力的要求相衔接，注重培养学生的职业能力。本书的操作内容形象简单，经济业务的设计简单明了，便于学生实践与学习。

本书由王玮担任主编，由杜俊娟、黄斯斯、张衡担任副主编，参与编写工作的有蔡冬梅、蒋毓萍、李海燕、范佩霞、穆晓彤、张梦倩、吴屏、王文一。

本书为安徽省 2018 年省级质量工程一流教材建设项目（编号：2018yljc087）、安徽省 2019 年高校优秀青年人才支持计划项目（编号：gxyq2019135）和安徽省省级质量工程重大教学改革研究项目地方应用型本科高校“金课”建设的价值逻辑与路径选择研究项目（2020jyxm0805）成果。

本书借鉴和参考了会计学领域的诸多著作，在此向有关作者表示感谢。由于编者水平和经验有限，书中难免有疏漏和不足之处，恳请读者批评指正。

编　者

2020 年 6 月

目录 CONTENTS

第一部分　会计实务操作基础知识

实务链接

会计工作交接

单位会计离职前的工作交接非常重要，以下将详细介绍会计工作交接的内容和程序。

一、工作交接的内容

（1）印章类：财务专用章及用印记录、发票专用章等。

（2）票据类：未使用的空白票据（银行汇票、支票、收款收据、结算凭证等）、已使用的存根、票据领购发放登记簿。

（3）发票类：普通发票、增值税进（销）项发票。

（4）资料类：银行开户登记、银行印鉴卡、银行对账单、报税资料、各类盘点表（现金、固定资产、存货等）、外汇登记证、发票领用簿等。

（5）报表报告类：审计报告、税务申报表、汇算清缴报表、各项报表电子档、董事会决议、借款合同等

（6）内部报表报告类：管理报表、财务报表、预算报表、分析报表等。

（7）电子作业类：网上业务工作的登录账号及密码、U盾、拷贝的数据磁盘等。

（8）会计凭证及其他会计资料。

二、工作交接程序

1．交接前的准备工作

（1）按岗位职责逐项整理应移交的各项资料，对未了事项写出书面材料。

（2）已受理的经济业务尚未编制凭证的，应填制完毕。

（3）核实所有内外往来的账目及资产物资账，并尽可能处理结清，处理不完的列表交接。

（4）编制交接清单。交接清单包括单位名称，交接日期，交接项目，交接内容，交接双方和监交人的职务、姓名，交接清单页数以及需要说明的问题和意见等内容。交接内容中要详细列明应该移交的会计凭证、会计报表、印章、现金、有价证券、支票簿、发票、文件、其他会计资料和会计用品等事项。电子作业类的资料交接需登记的内容包括账号及密码、拷贝的数据磁盘（磁带等）及有关资料的关联实物、相关电子岗位所需的联系人情况、资料完成及递交日期等。

2．移交点收

（1）现金依财务系统账面记录余额进行当面点交，不得短缺，若接收人发现有不一致的情况或"白条抵库"现象，则移交人应在规定期限内负责查清处理。

（2）有价证券的数量要与财务系统账面记录一致，有价证券面额与发行价不一致时，按照账面余额交接。会计凭证、财务会计报告和其他会计资料必须完整无缺，不得遗漏。如有短缺，必须查

清原因，并在交接清单中加以说明，由移交人负责。

（3）银行存款账户余额要与银行对账单核对相符，如有未达账项，应编制银行存款余额调节表调节相符；各种财产物资和债权债务的明细账户余额，要与总账有关账户的余额核对相符；对重要实物要实地盘点，对余额较大的往来账户要与往来单位、个人核对。

（4）财务专用章、收据、空白支票、发票、U 盾以及其他物品等必须清点清楚，与登记簿相符。

3．对于电子数据要在实际操作状态下进行交接

（1）财务负责人（各级财务主管）移交时，应将财务会计工作、重大财务收支问题和会计人员的情况等向接替人员介绍清楚，对遗留问题，应当写出书面材料。

（2）涉及与外部沟通的岗位，移交人必须带领接收人与外部联系人见面说明或向接收人移交外部联系人资料。

4．专人负责监交

交接清单应当经过监交人审查和签名、盖章，作为交接双方明确责任的证件。

5．交接后的有关事宜

（1）财务工作交接完毕后，交接双方和监交人在交接清单上签名或盖章，并应在交接清单上注明单位名称，交接日期，交接双方和监交人的职务、姓名，交接清单页数以及需要说明的问题和意见等。

（2）交接清单一式三份，交接双方和监交人各执一份。

（3）交接过程中存在的问题，如果当期可以处理，由移交人处理完毕后交接，如果没有及时处理，由移交人承担全部责任损失。

（4）对于交接过程中发现问题，短时间不能处理完毕的，监交人应会同移交人及接收人拟订处理意见及时上报主管部门和领导。

（5）正常的工作任务需要跨期执行的（如账务上的收缴等），由移交人协助接收人熟悉各种工作关系，交接后由接收人负责继续处理。如果造成损失，由接收人全额承担责任损失。

（6）如果移交人故意隐瞒问题，则必须承担全部责任损失。

在会计工作中，会计凭证、会计账簿和会计报表三者之间按照一定的形式互相结合，形成一个完整的体系。为了使记账工作有条不紊地进行，就要明确会计凭证、会计账簿和会计报表之间的联系，并把它们有机结合起来。

会计账务处理程序也称会计核算组织程序，是指对会计数据的记录、归类、汇总、陈报的步骤和方法，即从原始凭证的整理、汇总，记账凭证的填制、汇总，日记账、明细分类账的登记，到会计报表的编制步骤和方法。账务处理程序的基本模式可以概括为：原始凭证——记账凭证——会计账簿——会计报表。

一、期初建账

建立账簿是会计核算的起点。各企业单位会计核算是建立在持续经营与会计分期等基本前提条件下的，因此，每个会计期期初，应将上期期末各账户的余额抄写入本期各账簿中，作为本期的期初余额。同时，对上期期末无余额的账户或未开设的账户，也要按照企业的实际经济业务建立账簿，这个过程就叫期初建账。

一般情况下，总分类账、日记账应每年更换一次。因为涉及的财产物资种类较多，往来单位较多，有些财产物资的明细账和债权债务的明细账可以跨年度使用，各种备查账簿也可以跨年度使用。

（一）账簿的启用

年度开始启用账簿时，应在账簿封面上写明“单位名称”“账簿名称”“账簿所属年度”等内容。在账簿扉页上应附“经管人员一览表”，格式如表 1–1 所示。

表 1–1

经管人员一览表

单位名称					
账簿名称					
账簿页数	自第　　页起至第　　页止共　　页				
启用日期	年　　月　　日				
单位领导人签章			会计主管人员签章		
经管人员职别	姓名	经管或接管日期	签章	移交日期	签章
		年　月　日		年　月　日	
		年　月　日		年　月　日	
		年　月　日		年　月　日	
		年　月　日		年　月　日	
		年　月　日		年　月　日	

账簿应按账页顺序逐行连续，不得隔页、跳行或在行上或行下任意填写文字。如果发生隔页、跳行，应在空页、空行处用红色墨水笔画对角线注销，并由记账人员盖章，以示负责。账页记到倒数第一行时，应办理转页手续。首先，在该账页最后一行加计本页借方发生额和贷方发生额（包括上页转来累计数），结出余额，并在该行“摘要”栏注明“转次页”字样；然后，再把这个发生额合计数和余额填到下一页第一行的相应栏内，并在“摘要”栏内注明“承前页”字样，以示记账的连续性。使用活页式账页，应按账户顺序编列分页号：一个账户编一个号，如果一个账户记载两页以上账页，可在“分页号”后加编附号。例如，某账户的分页号为 4 号，有三页账页时，可分别编为 4–1、4–2、4–3。年终装订成册后再按实际使用的账页顺序编定账页，另加账户目录，格式如表 1–2 所示。

表 1-2　　　　　　　　　　　　　　**账户目录**

分页号	科目名称	页码	分页号	科目名称	页码	分页号	科目名称	页码

（二）建立总账

1．总账的格式

大多数企业采用三栏式总账，即账页按借方、贷方、余额三栏设置，格式如表 1–3 所示。

2．总账期初余额的登记

不同性质的账户在余额的登记方向上有所不同，资产类账户、成本费用类账户的期初余额一般在借方，负债类账户、所有者权益类账户的期初余额一般在贷方。例如，银行存款账户 2018 年年末余额为 110 000 元，则银行存款账户 2019 年期初余额按以下方法登记。

在表头“科目名称”中填写“银行存款”；在“年度”栏填写“2019 年”。在“月、日”栏填写“1 月 1 日”；在“摘要”栏填写“期初余额”；在“借或贷”栏填写“借”；在“余额”栏填写“110 000”。

（三）建立日记账

日记账包括库存现金日记账与银行存款日记账等，所有的单位都应设置库存现金日记账与银行存款日记账，用以序时核算库存现金和银行存款的收入、支出和结存的情况。

库存现金日记账由出纳人员登记，它是根据审核无误的现金收、付款凭证或是银行存款付款凭证，按照经济业务发生的顺序，逐日逐笔进行登记的账簿。每日终了应结出库存现金的余额。库存现金日记账采用订本式的三栏式账页，格式如表 1–4 所示。

表 1-3

总　　账

科目名称________

年		凭证编号	摘要	借方											贷方											借或贷	余额										
月	日			亿	千	百	十	万	千	百	十	元	角	分	亿	千	百	十	万	千	百	十	元	角	分		亿	千	百	十	万	千	百	十	元	角	分

表 1-4

库存现金日记账

年		凭证		摘要	对方科目	借方										贷方										借或贷	余额									
月	日	类别	号数			千	百	十	万	千	百	十	元	角	分	千	百	十	万	千	百	十	元	角	分		千	百	十	万	千	百	十	元	角	分

银行存款日记账的账簿设置和基本格式与库存现金日记账的一样，也应由出纳人员登记，它是根据审核无误的银行存款收款凭证、付款凭证或是现金付款凭证，按照经济业务发生的顺序，逐日逐笔进行登记的账簿。每日终了应结出银行存款的余额，每月终了，应根据企业账面余额数与银行对账单余额数编制“银行存款余额调节表”并进行核对。银行存款日记账的格式如表 1–5 所示。

表 1-5

银行存款日记账

年		凭证编号	结算方式		摘要	借方										✓	贷方										✓	余额									
月	日		类	号码		千	百	十	万	千	百	十	元	角	分		千	百	十	万	千	百	十	元	角	分		千	百	十	万	千	百	十	元	角	分
					承前页																																

（四）建立明细账

明细账也称明细分类账，是根据总账科目所属的明细科目设置的，用于分类登记某一类经济业务事项，提供有关明细核算资料。明细账一般采用活页式账簿，可以是三栏式、数量金额式、多栏式等。

1．三栏式明细账

三栏式明细账适用于只需进行金额明细核算，而不需要进行数量核算的账户，如应收账款、应付账款、预收账款等债权、债务类结算账户。其他只核算金额的账户也可采纳这种格式，格式如表 1–6 所示。

有外币业务往来的企业，对于债权和债务及货币资金账户应设置外币金额式明细账，格式如表 1–7 所示。

2．数量金额式明细账

数量金额式明细账在“收入”“发出”“结存”三大栏内分别设置“数量”“单价”“金额”三小栏，一般适用于既要进行金额核算又要进行实物数量核算的各项财产物资，如原材料、库存商品等，格式如表 1–8 所示。

3．多栏式明细账

多栏式明细账根据管理需要，在一张账页内不仅按“借方”“贷方”“余额”三部分设立金额栏，还按明细科目在借方或贷方设立许多金额栏，以集中反映有关明细项目的核算资料。这种格式的明细账适用于“生产成本”“制造费用”“销售费用”“管理费用”“主营业务收入（分产品的）”等账户的明细核算。借方多栏或贷方多栏式账页格式如表 1–9 所示。

材料采购、应交税费等会计科目的明细核算，要尽量采用多栏式或与之相适应的专用账页，使账簿反映的内容能反映会计事项明细分类情况，满足编制会计报表的需要。

“材料采购”明细账的格式如表 1–10 所示，“应交税费——应交增值税”明细账的格式如表 1–11 所示。

表 1-6

三栏式明细账

分页………总页………

会计科目………………………

明细科目………………………

年		凭证		摘要	对应科目	借方														贷方														借或贷	余额													
月	日	种类	号数			百	十	亿	千	百	十	万	千	百	十	元	角	分	√	百	十	亿	千	百	十	万	千	百	十	元	角	分	√		百	十	亿	千	百	十	万	千	百	十	元	角	分	√

表 1-7

外币金额式明细账

会　计　科　目
NAME OF A/C______________

外币名称
FOR.CY. ____________

科目编号
A/C NO. ____________

年 DATE		凭证号数 VOUCHER NO.	摘要 DESCRIPTION	借方 DEBIT			✓	贷方 CREDIT			✓	借或贷 DR/CR	余额 BALANCE		
月 M.	日 D.			外币金额 FOR.CY.AMOUNT	汇率 EX. RATE	人民币金额 RMB AMOUNT		外币金额 FOR.CY.AMOUNT	汇率 EX. RATE	人民币金额 RMB AMOUNT			外币金额 FOR.CY.AMOUNT	汇率 EX. RATE	人民币金额 RMB AMOUNT

表 1-8

数量金额式明细账

分页………总页………

最高存量…………………………… 编号、名称…………………………………………

最低存量……………………………储备天数…………………………存放地点………………………………计量单位…………………………规格………………………… 类别…………………………

年		凭证		摘要	收入												发出												结存											
月	日	种类	号数		数量	单价	金额										数量	单价	金额										数量	单价	金额									
							千	百	十	万	千	百	十	元	角	分			千	百	十	万	千	百	十	元	角	分			千	百	十	万	千	百	十	元	角	分

表 1-9

多栏式明细账

总页………分页………

………级科目…………………………

………级科目…………………………

年		凭证号数	摘要	借方	贷方	借或贷	余额	（　　）方金额分析					
月	日			千百十万千百十元角分	千百十万千百十元角分		千百十万千百十元角分	百十万千百十元角分	百十万千百十元角分	百十万千百十元角分	百十万千百十元角分	百十万千百十元角分	百十万千百十元角分

表 1-10

材料采购明细账

分页………总页………

材料科目：…………………类别：………………

编号、名称：……………………………………

年		凭证号数	收料单号数	供应单位	材料名称及规格	计量单位	发票数量	实收数量	实际成本（借方）				计划成本（贷方）		材料成本差异	
月	日								发票金额	运杂费	其他	合计	单价	总额	超支（贷方）	节约（借方）
									千 百 十 万 千 百 十 元 角 分	十 万 千 百 十 元 角 分	十 万 千 百 十 元 角 分	千 百 十 万 千 百 十 元 角 分		千 百 十 万 千 百 十 元 角 分	十 万 千 百 十 元 角 分	十 万 千 百 十 元 角 分

表 1-11

应交税费——应交增值税明细账

总第……………页　　分第……………页

年		凭证		摘要	借方						贷方						借或贷	余额	
月	日	种类	号数		合计	√	进项税额	已交税金	转出未交增值税	出口抵减内销产品应纳税额	合计	√	销项税额	进项税额转出	转出多交增值税	出口退税			√

二、原始凭证的填制与审核

（一）原始凭证的填制要求

填制原始凭证是会计核算工作的起点。为了保证原始凭证能够正确、及时、清晰地反映交易或事项的真实情况，填制原始凭证必须符合下列基本要求。

（1）记录真实。原始凭证要由填制人或经办人根据经济业务的实际执行和完成情况填写，不得伪造、变造。

（2）填制及时。各种原始凭证必须在经济业务发生时及时填写，并应按规定的程序及时送交财务部门，由财务部门加以审核并据以编制记账凭证。

（3）内容完整。原始凭证填制的内容必须完整、齐全。凭证的填制日期，经济业务的内容、数量、金额都不得遗漏。

（4）责任明确。从外单位取得的原始凭证须盖有填制单位的公章；从个人取得的原始凭证，必须有填制人员的签名或盖章。自制原始凭证必须由经办单位领导或者其指定的人员签名或盖公章。对外开出的原始凭证，必须加盖本单位公章。

（5）书写正确。填写各种原始凭证要用蓝黑色墨水，文字要简要，字迹要清楚，易于辨认；大小写金额数字要符合规范，保持一致，正确填写。

（6）更正规范。原始凭证填制出现错误，不得涂改和挖补，应由开出单位重开或者按规定方法更正。作废时应加盖“作废”戳记，连同存根一起保存，不得撕毁。

（二）会计字码的书写要求

会计字码分为大写字码和小写字码，小写字码也叫阿拉伯数字。

1. 汉字金额大写

（1）汉字大写金额、数字一律用正楷或者行书体书写，如零、壹、贰、叁、肆、伍、陆、柒、捌、玖、拾、佰、仟、万、亿、元、角、分、整（正）等，不得自造简化字。

（2）汉字大写金额数字到元或者角为止的，在“元”或者“角”字之后应当写“整”字或者“正”字；大写金额数字有分的，分字后面不写“整”字或者“正”字。例如，人民币 35 680.00 元，大写金额数字应为“人民币叁万伍仟陆佰捌拾圆整”，或为“人民币叁万伍仟陆佰捌拾圆正”。汉字大写金额数字，应与“人民币”字样紧接填写，不得留有空白。

（3）阿拉伯金额数字中有“0”时，应按正确的方法书写。

① 阿拉伯金额数字中间只有一个“0”时，汉字大写金额要写“零”字。例如，¥202.50 元，汉字大写金额应写成“人民币贰佰零贰圆伍角整”。

② 阿拉伯金额数字中间连续有几个“0”时，汉字大写金额中可以只写一个“零”字。例如，¥2 002.56 元，汉字大写金额应写成“人民币贰仟零贰圆伍角陆分”。

③ 阿拉伯金额数字元位是“0”，或数字中间连续有几个“0”，元位也是“0”，但角位不是“0”时，汉字大写金额可只写一个“零”字，也可不写“零”字。例如，¥1 320.56 元，汉字大写金额应写成“人民币壹仟叁佰贰拾圆零伍角陆分”或“人民币壹仟叁佰贰拾圆伍角陆分”。又如，

¥1 000.56 元，汉字大写金额应写成“人民币壹仟圆零伍角陆分”或“人民币壹仟圆伍角陆分”。

2．汉字出票日期大写

票据的出票日期必须使用中文大写。为防止变造票据的出票日期，在填写月、日时，对于月为1、2和10的，日为1至9和10、20、30的，应在其前加“零”。对日为11至19的，应在其前加“壹”。例如，1月15日应写成“零壹月壹拾伍日”。再如，10月20日应写成“零壹拾月零贰拾日”。11月要写成“壹拾壹月”，12月要写成“壹拾贰月”。

3．阿拉伯数字的写法

（1）阿拉伯数字应当一个一个地写，不得连笔写，排列要整齐，在书写时应有一定的斜度，一般为60度左右。

（2）书写有高度标准，一般数字的高度占凭证、账页横格高度的1/2为宜，书写时要注意紧靠横格底线，使上方能留出更正空间。

（3）书写小写金额时，在数字前面应当书写货币币种或者货币名称简写和币种符号。币种符号与数字之间不得留有空白，以防止金额数字被人涂改。凡数字前写有币种符号的，数字后面不再写货币单位。

（4）在没有位数分隔线的凭证、账、表上，所有以“元”为单位的阿拉伯数字，除表示单价等情况外一律写到角分；无角分的，角位和分位可写“00”或“—”；有角无分的，分位应当写“0”，不得以符号“—”代替。例如，¥100.00可写成“¥100.—”，也可写作“¥100.00”。

（三）原始凭证审核要求

对原始凭证进行监督和审核是会计人员的法律职责，审核无误的原始凭证才能作为填制记账凭证、登记入账的依据。审核原始凭证主要从以下几点着手。

（1）审核原始凭证的真实性。所谓真实，就是原始凭证应如实反映经济业务的本来面貌，不得掩盖、歪曲和捏造。经济业务双方当事单位和当事人必须真实；经济业务发生的时间、地点和填制凭证的日期必须真实；原始凭证记载的经济业务的内容必须真实；经济业务的“量”必须真实。

（2）审核原始凭证的合法性。审核原始凭证上所记载的经济业务内容是否符合国家的政策、法律法规等有关规定，对于不合法的原始凭证不予受理，对严重违法的原始凭证在不予受理的同时应当予以扣留，并及时向单位领导人报告，请求查明原因，追究当事人责任。

（3）审核原始凭证的准确性。书写要清晰、工整、规范，人民币符号与阿拉伯数字之间不得留有空白。数量、单价与金额要计算得准确无误，大小写金额应一致。

（4）审核原始凭证的完整性。原始凭证应具备的要素必须完整，手续必须齐全，包括双方经办人是否签字或盖章；需要旁证的原始凭证，旁证不齐也应视为手续不齐。

（四）原始凭证中容易出现的错误与舞弊

原始凭证中容易出现的错误与舞弊主要有以下8种。

（1）内容记载含糊不清，或故意掩盖事情真相，进行贪污作弊。

（2）单位抬头不是本单位。

（3）数量、单价与金额不符。

（4）无收款单位签章。

（5）开具阴阳发票，进行贪污作弊。

（6）在整理和粘贴原始凭证过程中进行作弊。例如，利用单位原始凭证粘贴、整理不规范的弱点，在进行粘贴、整理时，采用移花接木的手法，故意将个别原始凭证抽出，等以后再重复报销；或在汇总原始凭证金额时，故意增减金额，以达到贪污其差额的目的。

（7）模仿领导笔迹签字冒领。

（8）涂改原始凭证上的时间、数量、单价、金额，或添加内容和金额。

（五）对有问题原始凭证的处理

在审核原始凭证的过程中，会计、出纳人员要认真执行《中华人民共和国会计法》所赋予的职责、权限，坚持制度、坚持原则。对违反国家规定的收支，超过计划、预算或者超过规定标准的各项支出，违反制度规定的预付款项，非法出售材料、物资，任意出借、变卖、报废和处理财产物资，以及不按国家关于成本开支范围和费用划分的规定乱挤、乱摊生产成本的凭证，会计人员应拒绝办理。

对于内容不完全、手续不完备、数字有差错的凭证，会计人员应予以退回，要求经办人补办手续或进行更正。对于伪造或涂改凭证等弄虚作假、严重违法的原始凭证，会计人员在不拒绝办理的同时，应当予以扣留，并及时向单位主管或上级主管报告，请求查明原因，追究当事人的责任。

三、记账凭证的填制与审核

（一）记账凭证的格式

记账凭证的格式有两种，通用格式的记账凭证如表 1-12 所示；专用记账凭证分为：收款凭证、付款凭证和转账凭证，分别如表 1-13、表 1-14 和表 1-15 所示。

记账凭证的填制与审核

表 1-12

记账凭证

年　　月　　日　　　　　　　　字第　　号

丙式—28　12×21厘米（通）

摘　要	总账科目	明细科目	记账✓	借方金额										记账✓	贷方金额									
				千	百	十	万	千	百	十	元	角	分		千	百	十	万	千	百	十	元	角	分

附件　　张

会计主管　　　　记账　　　　出纳　　　　审核　　　　制单

表 1-13

收款凭证

借　方
科　目________　　　　年　　　月　　　日　　　　　　字第　　　　号

丙式—141　12×21 厘米

摘　　要	贷方总账科目	明细科目	记账符号	金额 千	百	十	万	千	百	十	元	角	分
合　　计													

附单据　　张

财务主管　　　记账　　　出纳　　　审核　　　制单

表 1-14

付款凭证

贷　方
科　目________　　　　年　　　月　　　日　　　　　　字第　　　　号

丙式—142　12×21 厘米

摘　　要	借方总账科目	明细科目	记账符号	金额 千	百	十	万	千	百	十	元	角	分
合　　计													

附单据　　张

财务主管　　　记账　　　出纳　　　审核　　　制单

表 1-15

转账凭证

年　　　月　　　日　　　　　　字第　　　　号

丙式—143　12×21 厘米

摘　要	总账科目	明细科目	✓	借方金额 千	百	十	万	千	百	十	元	角	分	✓	贷方金额 千	百	十	万	千	百	十	元	角	分
合　计																								

附单据　　张

财务主管　　　记账　　　出纳　　　审核　　　制单

（二）填制记账凭证的要求

填制记账凭证，是会计核算工作的重要环节，是对原始凭证的整理和分类，并按照复式记账的要求，运用会计科目，确定会计分录，作为登记账簿的依据。填制记账凭证的具体要求如下。

（1）填制记账凭证的依据，必须是经审核无误的原始凭证或汇总原始凭证。

（2）摘要明确。以简明扼要的文字，概括地写清楚经济业务的内容，据此登记账簿，便于日后查阅。

（3）日期清楚。收付款业务因为要登入当天的日记账，记账凭证的日期应是货币资金收付的实际日期，但是与原始凭证所记的日期不一定一致。转账凭证以收到原始凭证的日期为日期，但摘要栏要注明经济业务发生的实际日期。

（4）编号科学。如果企业的各种经济业务的记账凭证，采用统一的一种格式（通用格式），凭证的编号可采用顺序编号法编制，即按月编顺序号。业务极少的单位可按年编顺序号。如果是按照经济业务的内容加以分类，采用三种格式的记账凭证，记账凭证的编号应采用字号编号法编制。即把不同类型的记账凭证用字加以区别，再把同类记账凭证顺序号加以连续。三种格式的记账凭证，采用字号编号法时，具体地编为“收字第××号”“付字第××号”和“转字第××号”。如果发生复杂的会计事项，需要编制两张以上的记账凭证时，可采用“分数编号法”，即编分号。例如，5号会计事项分录有三张记账凭证，编号分别为$5\frac{1}{3}$号、$5\frac{2}{3}$号、$5\frac{3}{3}$号。

（5）记账凭证上应注明所附的原始凭证张数，以便查核。如果根据同一原始凭证填制数张记账凭证，则应在未附原始凭证的记账凭证上注明“附件××张，见第××号记账凭证”。如果原始凭证需要另行保管，则应在附件栏目内加以注明，但更正错账和结账的记账凭证可以不附原始凭证。

（6）科目要明细。在记账凭证中填写明细科目，是为了按明细科目归类汇总和登记有关明细账簿。

（7）金额要准确。记账凭证中每一会计科目的金额必须与所附原始凭证或原始凭证汇总表中的有关金额相一致。记账凭证中的借方金额与贷方金额合计数相等。角分之间不要留空白，可写“00”。写完一张凭证后，在金额栏剩余的空行内可画一斜线注销。金额合计第一位数前应加人民币符号“¥”。

（三）记账凭证的审核

记账凭证必须经过审核无误后才能用于登记账簿。审核要点如下。

（1）内容是否真实。审核记账凭证是否附有原始凭证，所附原始凭证的内容是否与记账凭证的内容一致，记账凭证汇总表与记账凭证的内容是否一致。

（2）项目是否齐全。审核记账凭证各项目的填写是否齐全，如日期、凭证编号、摘要、会计科目、金额、所附原始凭证张数及有关人员签章等。

（3）科目是否正确。审核记账凭证的借、贷科目是否正确，是否有明确的账户对应关系，所使用的会计科目是否符合会计制度的规定等。

（4）金额是否正确。审核记账凭证所记录的金额与原始凭证的有关金额是否一致，记账凭证汇总表的金额与记账凭证的金额合计是否相符，原始凭证中的数量、单价、金额计算是否正确等。

（5）书写是否正确。审核记账凭证的记录是否文字工整、数字清晰，是否按规定使用蓝黑墨水，错账是否按规定方法进行更正等。

（四）记账凭证中容易出现的错误与舞弊

（1）会计账户运用错误。

（2）合计金额计算错误。

（3）记账凭证与所附原始凭证单据不符。

（4）在汇总凭证中进行作弊。例如，在汇总若干费用报销单据时，故意增加金额，使付款凭证上的金额大于所附原始凭证的合计金额，以达到贪污其差额的目的。又如，在汇总若干张收款原始凭证时，故意减少金额，使收款凭证上的金额小于所附原始凭证的实际金额，以达到贪污其差额的目的。

（5）记账凭证中的"摘要"失真，编造虚假记账凭证。

四、账簿的登记

（一）登账的基本要求

依据《会计基础工作规范》（以下简称《规范》）第六十条、第六十一条的规定，登记会计账簿的基本要求如下。

（1）准确完整。登记会计账簿时，应当将会计凭证日期、编号、业务内容摘要、金额和其他有关资料逐项记入账内，做到数字准确、摘要清楚、登记及时、字迹工整。每一项会计事项，一方面要记入有关的总账，另一方面要记入该总账所属的明细账。账簿记录中的日期，一般应该填写记账凭证上的日期；但以自制的原始凭证，如收料单、领料单等，作为记账依据的，账簿记录中的日期则应按有关自制凭证上的日期填写。

（2）注明记账符号。登记完毕后，要在记账凭证上签名或者盖章，并注明已经登账的符号，表示已经记账。记账凭证上设有专门的栏目用于注明记账的符号，以免发生重记或漏记。

（3）文字和数字必须整洁清晰、准确无误。在登记书写时，不要滥造简化字，不得使用同音异义字；摘要文字紧靠左线；数字要写在金额栏内，不得越格错位、参差不齐；文字、数字字体大小适中，紧靠下线书写，上面要留有适当空距，一般应占格宽的 1/2，以备按规定的方法改错。记录金额时，如为没有角分的整数，应分别在角分栏内写上"0"，不得省略不写，或以"—"号代替。阿拉伯数字一般可自左向右适当倾斜，以使账簿记录整齐、清晰。为防止字迹模糊，墨迹未干时不要翻动账页；夏天记账时，可在手臂下垫一块软布或纸板等，以防汗浸。

（4）正常记账使用蓝黑墨水。登记账簿要用蓝黑墨水或者碳素墨水书写，不得使用圆珠笔（银行的复写账簿除外）或者铅笔书写。

（5）特殊记账使用红墨水。下列情况，可以用红墨水记账：①按照红字冲账的记账凭证，冲销错误记录；②在不设借贷等栏的多栏式账页中，登记减少数；③在三栏式账户的余额栏前，对未印明余额方向的，在余额栏内登记负数余额；④根据国家统一会计制度的规定可以用红字登记的其他会计记录。

（6）顺序连续登记。各种账簿按页次顺序连续登记，不得跳行、隔页。如果发生跳行、隔页，更不得随便更换账页和撤出账页，作废的账页也要留在账簿中，如果发生跳行、隔页，应当将空行、空页画线注销，或者注明“此行空白”“此页空白”字样，并由记账人员签名或者盖章。

（7）结出余额。凡需要结出余额的账户，在结出余额后，应当在“借或贷”等栏内写明“借”或者“贷”等字样。没有余额的账户，应当在“借或贷”等栏内写“平”字，并在余额栏内“元”位处标注“0”。

（8）过次承前。每一账页登记完毕结转下页时，应当结出本页合计数及余额，写在本页最后一行和下页第一行有关栏内，并在摘要栏内注明“过次页”和“承前页”字样；也可以将本页合计数及金额只写在下页第一行有关栏内，并在摘要栏内注明“承前页”字样。

（9）登记发生错误时，必须按规定方法更正，严禁刮、擦、挖、补，或使用化学药物清除字迹。发现差错必须根据差错的具体情况采用划线更正、红字更正、补充登记等方法更正。

（二）科目汇总表核算形式下总账的登记

企业要按照既定的会计核算形式及时登记总账，下面以科目汇总表为例，说明登记总账的过程。

科目汇总表最主要的作用在于简化登记总分类账的工作，同时，科目汇总表也可以起到试算平衡的作用。其登账步骤如下。

1．登记T字账

（1）按照总分类账账页目录顺序开设T字账，如图1-1所示。

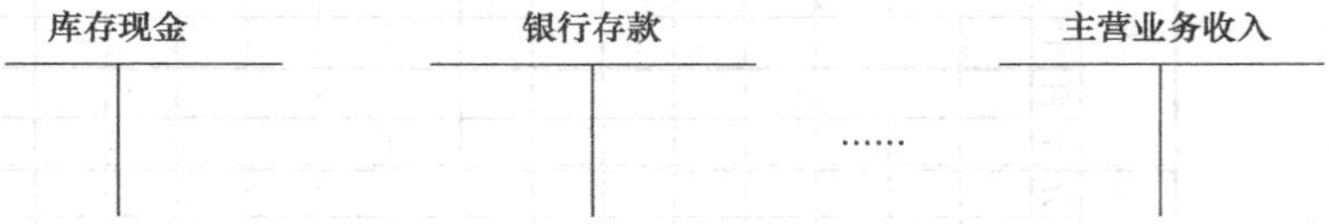

图1-1　T字账

（2）将记账凭证内容填入T字账。

（3）T字账登记完毕后，计算每个账户的借方发生额、贷方发生额。据此编制科目汇总表，如图1-2所示。

库存现金
5 000
...
...
8 920
6 700
银行存款
5 000
...
...
23 800
197 500
主营业务收入
...
970 000
......

图1-2　T字账登记

2．编制科目汇总表

科目汇总表的格式如表1-16所示。

表 1-16

科目汇总表

编号：				
凭证号数	现金	自第	号至	号止
	银行	自第	号至	号止
	其他	自第	号至	号止
	转账	自第	号至	号止

20　　年　　月　　日至　　月　　日

会计科目	总页	借方科目										贷方科目										会计科目	总页	借方科目										贷方科目									
		千	百	十	万	千	百	十	元	角	分	千	百	十	万	千	百	十	元	角	分			千	百	十	万	千	百	十	元	角	分	千	百	十	万	千	百	十	元	角	分
合计																						合计																					

财会主管　　　　　　记账　　　　　　复核　　　　　　制表

3. 登记总账

在科目汇总表核算形式中，登记总账的过程是将科目汇总的各账户借方发生额、贷方发生额分别登记到对应总账中，并结出余额的过程。

五、账簿的对账

对账，是指核对账目，即对账簿和账户所记录的有关数据加以检查和核对，从而保证会计记录真实可靠、正确无误。会计人员要按照各种账簿记录情况的不同，分别进行经常和定期的对账。

（一）账证核对

账证核对指会计账簿记录与会计凭证有关内容核对。保证账证相符，也是会计核算的基本要求。

（二）账账核对

账账核对指会计账簿之间相对应记录核对。具体包括以下内容。

（1）总分类账簿中全部账户的借方发生额合计与贷方发生额合计、期末借方余额合计与贷方余额合计分别核对相符。

（2）现金日记账和银行存款日记账的期末余额，应与总分类账中“现金”和“银行存款”账户的期末余额核对相符。

（3）总分类账户的月末余额，应与其所属的各明细分类账户月末余额的合计数核对相符。

（4）会计部门有关财产物资明细账的期末结存数，应与财产物资保管和使用部门相应的保管账（卡）的结存数核对相符。

（三）账实核对

账实核对指账簿记录与实物、款项实有数核对相符。具体包括以下内容。

（1）现金日记账的账面余额与库存现金实存数核对相符。

（2）银行存款日记账的账面记录与银行对账单核对相符。

（3）财产物资明细账的结存数与财产物资实存数核对相符。

（4）各种应收款项、应付款项的明细分类账的账面余额，与有关往来单位核对相符。

六、账簿结账

结账就是把一定时期（月、季、年）内所发生的经济业务全部登记入账后，计算并记录各种账簿的本期发生额和期末余额，进行试算平衡，并结转下期或下年度账簿的一种账务处理方法。结账的时间主要有日结、月结、季结、年结等。

（1）日结。每日业务终了，出纳人员逐笔、顺序地登记完现金日记账和银行存款日记账后，应结出本日余额，将现金日记账余额与当日库存现金核对。

（2）月结。办理月结时，会计人员应在各账户最后一笔记录下面画一条通栏粗红线表示本月业务结束，在红线下结算本月发生额及月末余额，如无余额，应在“借”或“贷”栏内注明“平”字并在余额栏内填“0”或“√”符号，同时在摘要栏内标明“本月合计”或“月发生额及余额”字样，然后在下面再画一条通栏红线，表示完成月结工作。

（3）季结和年结。办理季结或年度结账时，会计人员应在季末或年末月份月结数下，结算本季或本年合计数及季末余额，并在摘要栏内写明“本年或本年合计”或“×季度或年度发生额及余额”字样。如为季结，在其上下各画一条通栏红线；如为年结，在合计数下画两条通栏红线以示封账。

（4）更换新账簿。在年度换账簿时，会计人员应同时在下年新账中相应账户的第一页第一行标明“上年结转”或“年初余额”字样，并将上年的年末余额直接记入新账的“期初余额”栏内，同时标明余额方向。

七、财务会计报告

（一）财务会计报告的组成

财务会计报告包括：会计报表、会计报表附注和财务情况说明书。（《中华人民共和国会计法》第二十条规定：“财务会计报告由会计报表、会计报表附注和财务情况说明书组成。”）

1．会计报表

会计报表是指企业以一定的会计方法和程序由会计账簿的数据整理得出，以表格的形式反映企业财务状况、经营成果和现金流量的书面文件，是财务会计报告的主体和核心。企业会计报表按其反映的内容不同，分为资产负债表、利润表、现金流量表、所有者权益（股东权益）变动表及相关附表。其中，相关附表是反映企业财务状况、经营成果和现金流量的补充报表，主要包括利润分配表以及国家统一会计制度规定的其他附表。

2．会计报表附注

会计报表附注是为便于会计报表使用者理解会计报表的内容而对会计报表的编制基础、编制依据、编制原则和方法及主要项目等所做的解释。会计报表附注是财务会计报告的一个重要组成部分，它有利于增进会计信息的可理解性，提高会计信息可比性和突出重要的会计信息。

（二）财务会计报告的编制要求

1．会计报表应以持续经营为基础编制

企业应当以持续经营为基础，根据实际发生的交易和事项，按照《企业会计准则——基本准则》和其他各项会计准则的规定进行确认和计量，并在此基础上编制会计报表。管理层应对是否能够持续经营进行评估，若某些重大不确定因素可能导致对主体持续经营产生严重怀疑时，应对不确定因素充分披露。但企业不能以附注披露代替确认和计量。以持续经营为基础编制会计报表不再合理的，企业应当采用其他基础编制会计报表，并在附注中披露这一事实。企业在当期已经决定或正式决定下一个会计期间进行清算或停止营业，表明其处于非持续经营状态，应当采用其他基础编制会计报表，如破产企业的资产应当采用可变现净值计量等，并在附注中声明会计报表未以持续经营为基础列报，披露未以持续经营为基础的原因以及会计报表的编制基础。

2．列报的一致性

列报一致性要求会计报表中的列报和分类应在各期间之间保持一致。除非准则要求改变，或主体的经营性质发生重大变化，改变后的列报能够提供更可靠的，且与财务报告使用者更相关的信息，同时不损害可比性原则。

3．重要性项目单独列报

性质或功能类似的项目，其所属类别具有重要性的，应当按其类别在会计报表中单独列报。性质或功能不同的项目，应当在会计报表中单独列报，但不具有重要性的项目除外。

重要性，是指如果项目的省略或误报会单独或共同影响内外部使用者做出的经济决策，则该项目是重要的。重要性应当根据企业所处环境，从项目的性质和金额大小两方面加以判断。其中，项目的性质应当考虑该项目是否属于企业日常活动、是否对企业的财务状况和经营成果具有较大影响等因素；项目金额大小的重要性，应当通过单项金额占资产总额、负债总额、所有者权益总额、营业收入总额、净利润等直接相关项目金额的比重加以确定。

《企业会计准则——基本准则》规定，在会计报表中单独列报的项目，应当单独列报；其他会计准则规定单独列报的项目，应当增加单独列报项目。

4．有关抵销的界定（项目金额不得相互抵销）

会计报表中的资产项目和负债项目的金额、收入项目和费用项目的金额不得相互抵销，应单独列报资产和负债、收益和费用以便使用者更易理解已发生的交易、其他事项的情况，以及评估主体未来的现金流量。

资产项目按扣除减值准备后的净额列示，不属于抵销，如存货跌价准备与存货项目、应收账款计提的坏账准备与应收账款项目按抵减后的余额列报不属于抵销。

非日常活动产生的损益，以收入扣减费用后的净额列示，不属于抵销，如非流动资产处置产生的利得与损失，按处置收入扣除该资产账面金额与相关销售费用后的余额列报不属于抵销。若这些利得与损失是重要的，则应单独列报。

5．财务报告中应列报所有金额的前期比较信息

当期会计报表的列报，至少应当提供所有列报项目上一可比会计期间的比较数据，以及与理解当期会计报表相关的说明，其他会计准则另有规定的除外。

当会计报表项目的列报发生变更时，应当对上期比较数据按照当期的列报要求进行调整，并在附注中披露调整的原因和性质以及调整的各项目金额。对上期比较数据进行调整不切实可行（是指企业在做出所有合理努力后仍然无法采用某项规定）的，应当在附注中披露不能调整的原因。

6. 披露要求

企业应当在会计报表的显著位置至少披露下列各项内容：（1）编报企业的名称；（2）资产负债表日或会计报表涵盖的会计期间；（3）人民币金额单位；（4）会计报表是合并财务报表的，应当予以标明。

企业至少应当按年编制会计报表。年度会计报表涵盖的期间短于一年的，应当披露年度会计报表的涵盖期间以及短于一年的原因。

一般纳税人企业需要编制的报表：资产负债表、利润表、现金流量表、一般纳税人增值税申报表、增值税销售表（一）、增值税进项表（二）、城市维护建设税申报表、教育费附加申报表、地方教育费附加申报表、企业所得税申报表、印花税申报表、统计产品产量月报表、财务状况月报表、出口货物明细表、出口货物汇总表、出口货物附表等。

八、会计档案的整理立卷

（一）会计凭证

整理立卷时，应将记账凭证连同所附原始凭证、凭证汇总表，按照编号顺序，去掉金属物，选取适当厚度（一般不超过 2 厘米）为一册，加上凭证封面封底（正反面），并装订成册，封面格式如表 1-17 所示。封底处有“抽出单据记录”格式如表 1-18 所示。在会计凭证案卷封面上应写明单位名称、内部机构名称、年度、月份，本月共几册，本册是第几册，记账凭证的起讫编号、张数，保管期限，档案号，并由会计机构负责人、立卷人分别签名或盖章。对于数量过多的原始凭证，如收料单、发料单等，可以按上述要求单独装订成册，加上封面封底，并在封面注明记账凭证日期、编号，存放在其他类会计档案中，同时在记账凭证上注明“附件另订”及原始凭证名称和编号。

表 1-17

凭证封面　　　　编号

20　年　月

单位名称	
凭证名称	
册　数	第　　册共　　册
起讫编号	自第　　号至第　　号
起讫日期	自 20　年　月　日至　月　日

主管……………装订……………

表 1-18

凭证封底

抽出单据记录

抽出日期			抽出单据名称	张数	抽出单据理由	抽取人签　章	财会主管签　　章	附注
年	月	日						

（二）会计账簿

会计账簿的整理立卷比较简单，这是因为会计账簿在形成时，一般都有固定的格式和明确的分类，所以在年终结账、决算后稍加整理，一本账簿就可以成为一个案卷。

（1）整理立卷时应当注意：①按照账簿的种类按年分别立卷，一本为一卷。②订本账中的空白页不能拆账去掉，应保持账簿本身的完整性。③活页账可以拆账，会计人员将账中的空白账去掉后可重新组织，并应当在账页的右上角编上页码，加上账簿封面封底，用脱脂线绳装订成册。有的活页账账页较少，可将科目内容相近的账页按类别排列编号，年终结账后合并装订成册。④会计账簿案卷封面上应标明单位名称、内部机构名称、账簿名称、所属年度、卷内张数、保管期限、档案号，并由会计机构负责人、立卷人签名或盖章。⑤跨年度使用的固定资产账簿，应在使用完的那一个年度立卷。

（2）具体要求：各种会计账簿办理完年度结账后，除跨年使用的账簿外，其他的需整理、立卷。①会计账簿在装订前，应按账簿启用表的使用页数，核对各个账户账页是否齐全，是否按顺序排列。②会计账簿装订顺序：会计账簿装订封面，样式如表 1-19 所示；账簿启用表；账户目录；按本账簿页数项顺序装订账页；会计账簿装订封底。③在活页账簿去空白页后，将本账页数项填写齐全，撤账夹，用坚固耐磨的纸张做封面、封底，装订成册。不同规格的活页账不得装订在一起。④装订后的会计账簿应牢固、平整，不得有折角、掉页现象。⑤会计账簿的封口处，应加盖装订印章。⑥装订后，会计账簿的脊背应平整，并注明所属年度及账簿名称和编号。⑦会计账簿的编号为一年一编，编号顺序为总账、现金日记账、银行存款日记账、分户明细账。

表 1-19

会计账簿封面

单位名称 ____________________

账簿名称 ____________________

年　　度 ____________________

共　　　张自第　　　页起至第　　　页止

负责人　　　　　　　　　　　　经管人

（三）财务报告

月度、季度、年度财务报告应分别装订立卷，一本为一卷。决算审核意见书、审计报告等应分别附在该期财务报告后一起装订，卷内须逐页顺序编写页码。财务报告案卷封面应注明单位名称、内部机构名称、报表名称、所属年度、卷内张数、保管期限、档案号，并由会计机构负责人、立卷人分别签名或盖章。

装订报表时应当注意：（1）会计报表编制完成并按时报送后，留存报表均应按月装订成册。（2）会计报表应整理平整，防止折角。（3）会计报表在装订前，应按编报目录核对是否齐全。（4）会计报表的装订顺序是：会计报表封面；会计报表编制说明；各种会计报表（按会计报表的编号顺序排列）；会计报表封底。

（四）其他类会计档案

各单位会计机构、会计人员对其他类会计档案要认真收集、审查、核对，并分别进行整理立卷。会计移交清册、会计档案保管清册、会计档案销毁清册应单独装订立卷、单独编制卷号。会计档案案卷后应附备考表。卷内若有需要说明的情况和问题，可在备考表上说明。各单位应将整理立卷的会计档案分别装入卷盒（视其厚度，一个盒子可装一卷或数卷），卷盒形式要统一、整齐、美观。

九、电子会计档案

电子会计档案是指以磁性介质形式储存的会计核算的专业材料，是记录和反映经济业务的重要历史资料和证据。它包括电子凭证、电子账簿、电子报表、其他电子会计核算资料等。《会计档案管理办法》允许符合条件的会计凭证、账簿等会计资料不再以纸质归档保存，同时要求建立会计档案鉴定销毁制度，完善销毁流程，推动会计档案销毁工作有序开展。这些新的规定将节约大量纸质会计资料的打印、传递、整理成本以及归档后的保管成本，减少社会资源耗费，推动节能减排，有利于形成绿色环保的生产方式。

（一）电子归档要求

（1）形成的电子会计资料来源真实有效，由计算机等电子设备形成和传输；

（2）使用的会计核算系统能够准确、完整、有效接收和读取电子会计资料，能够输出符合国家标准归档格式的会计凭证、会计账簿、财务会计报表等会计资料，设定了经办、审核、审批等必要的审签程序；

（3）使用的电子档案管理系统能够有效接收、管理、利用电子会计档案，符合电子档案的长期保管要求，并建立了电子会计档案与相关联的其他纸质会计档案的检索关系；

（4）采取有效措施，防止电子会计档案被篡改；

（5）建立电子会计档案备份制度，能够有效防范自然灾害、意外事故和人为破坏的影响；

（6）形成的电子会计资料不属于具有永久保存价值或者其他重要保存价值的会计档案。

（二）保管原则

1．电子会计档案的整理一般采用“三统一”的原则

“三统一”原则即分类标准统一、档案形成统一、管理要求统一，并分门别类按各卷顺序编制电子档案顺序号。电子档案顺序号应包含尽可能多的信息特征，具有规范性、通用性和合理性。此外，电子档案顺序号的容量应具有超前性，能满足未来电子会计档案业务发展的需要。

2．严密监察

电子会计档案保管的标准操作规程应要求对操作活动进行严密的监察和检查。其包括定期地对控制台记录、作业记录和实施记录加以审查和比较。

3．应急规则

企业应制定适宜的计划和规程来应对程序、文件和设备遭受火灾、水灾、断电、通信中断、盗窃等突然事故和紧急情况。典型的应急措施包括文件备份、程序备份、备份与原件分开存放等。

4．数据文件标准控制

文件的处置规则是用来防止数据文件被误用、损毁等情况的，包括文件名、保留日期、文件重建、存放地点等方面的规则。所有的文件均应由保管员在档案室加以保管，并严格限制别人接触文件。

（三）电子会计档案管理业务流程

1．利用电子会计档案管理系统整合电子会计档案信息

企业应以电子会计档案管理系统为基础平台，整合 SAP 系统、共享报账服务平台、银企直联系统、资金稽核平台、影像信息系统等，自动收集各种信息，保留调阅其他业务财务管理系统数据的能力，全方位提供会计档案电子信息。

2．利用电子会计档案管理系统管理全生命周期纸质会计档案

企业应通过电子会计档案管理系统和影像子系统管理纸质档案制作、接收、流转、出入库、调阅等工作，借此将会计档案电子信息和纸质会计档案勾稽对应，使电子会计档案管理系统成为管理全生命周期会计档案的信息平台。

3．形成统一的电子会计档案信息管理平台

电子会计档案管理系统与影像子系统统一门户、集中存储、统一管理、统一安全规则，影像子系统数据在纸质档案归档完成后转移至电子会计档案管理系统统一管理。

电子会计档案业务系统如图 1–3 所示。

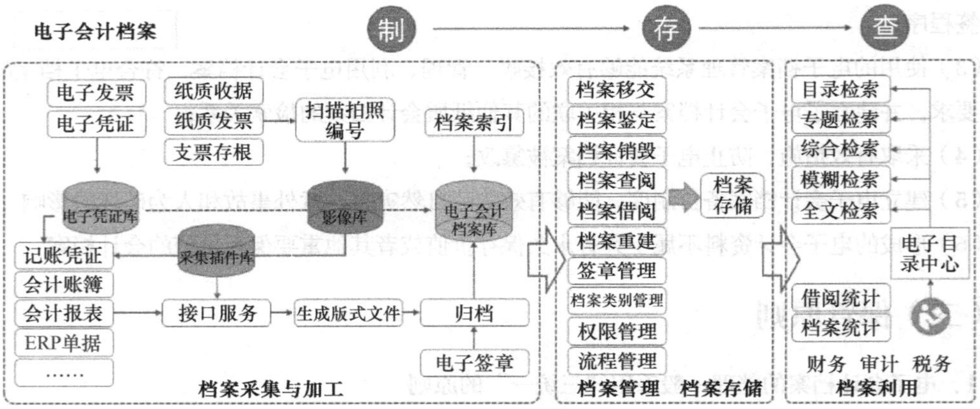

图 1–3 电子会计档案业务系统

电子会计档案需要采用存档签名加密、档案稽核与抽样等安全机制，及时预警，保障电子会计档案在采集、整理、保管、利用过程中的信息安全，保证会计档案完整、有效、可用，防范损毁风险。

本部分附录

会计档案管理办法

第一条 为了加强会计档案管理，有效保护和利用会计档案，根据《中华人民共和国会计法》《中华人民共和国档案法》等有关法律和行政法规，制定本办法。

第二条 国家机关、社会团体、企业、事业单位和其他组织(以下统称单位)管理会计档案适用本办法。

第三条 本办法所称会计档案是指单位在进行会计核算等过程中接收或形成的，记录和反映单位经济业务事项的，具有保存价值的文字、图表等各种形式的会计资料，包括通过计算机等电子设备形成、传输和存储的电子会计档案。

第四条 财政部和国家档案局主管全国会计档案工作，共同制定全国统一的会计档案工作制度，对全国会计档案工作实行监督和指导。

县级以上地方人民政府财政部门和档案行政管理部门管理本行政区域内的会计档案工作，并对本行政区域内会计档案工作实行监督和指导。

第五条 单位应当加强会计档案管理工作，建立和完善会计档案的收集、整理、保管、利用和鉴定销毁等管理制度，采取可靠的安全防护技术和措施，保证会计档案的真实、完整、可用、安全。

单位的档案机构或者档案工作人员所属机构（以下统称单位档案管理机构）负责管理本单位的会计档案。单位也可以委托具备档案管理条件的机构代为管理会计档案。

第六条　下列会计资料应当进行归档。

（一）会计凭证，包括原始凭证、记账凭证；

（二）会计账簿，包括总账、明细账、日记账、固定资产卡片及其他辅助性账簿；

（三）财务会计报告，包括月度、季度、半年度、年度财务会计报告；

（四）其他会计资料，包括银行存款余额调节表、银行对账单、纳税申报表、会计档案移交清册、会计档案保管清册、会计档案销毁清册、会计档案鉴定意见书及其他具有保存价值的会计资料。

第七条　单位可以利用计算机、网络通信等信息技术手段管理会计档案。

第八条　同时满足下列条件的，单位内部形成的属于归档范围的电子会计资料可仅以电子形式保存，形成电子会计档案。

（一）形成的电子会计资料来源真实有效，由计算机等电子设备形成和传输；

（二）使用的会计核算系统能够准确、完整、有效接收和读取电子会计资料，能够输出符合国家标准归档格式的会计凭证、会计账簿、财务会计报表等会计资料，设定了经办、审核、审批等必要的审签程序；

（三）使用的电子档案管理系统能够有效接收、管理、利用电子会计档案，符合电子档案的长期保管要求，并建立了电子会计档案与相关联的其他纸质会计档案的检索关系；

（四）采取有效措施，防止电子会计档案被篡改；

（五）建立电子会计档案备份制度，能够有效防范自然灾害、意外事故和人为破坏的影响；

（六）形成的电子会计资料不属于具有永久保存价值或者其他重要保存价值的会计档案。

第九条　满足本办法第八条规定条件，单位从外部接收的电子会计资料附有符合《中华人民共和国电子签名法》规定的电子签名的，可仅以电子形式归档保存，形成电子会计档案。

第十条　单位的会计机构或会计人员所属机构（以下统称单位会计管理机构）按照归档范围和归档要求，负责定期将应当归档的会计资料整理立卷，编制会计档案保管清册。

第十一条　当年形成的会计档案，在会计年度终了后，可由单位会计管理机构临时保管一年，再移交单位档案管理机构保管。因工作需要确需推迟移交的，应当经单位档案管理机构同意。

单位会计管理机构临时保管会计档案最长不超过三年。临时保管期间，会计档案的保管应当符合国家档案管理的有关规定，且出纳人员不得兼管会计档案。

第十二条　单位会计管理机构在办理会计档案移交时，应当编制会计档案移交清册，并按照国家档案管理的有关规定办理移交手续。

纸质会计档案移交时应当保持原卷的封装。电子会计档案移交时应当将电子会计档案及其元数据一并移交，且文件格式应当符合国家档案管理的有关规定。特殊格式的电子会计档案应当与其读取平台一并移交。

单位档案管理机构接收电子会计档案时，应当对电子会计档案的准确性、完整性、可用性、安全性进行检测，符合要求的才能接收。

第十三条 单位应当严格按照相关制度利用会计档案，在进行会计档案查阅、复制、借出时履行登记手续，严禁篡改和损坏。

单位保存的会计档案一般不得对外借出。确因工作需要且根据国家有关规定必须借出的，应当严格按照规定办理相关手续。

会计档案借用单位应当妥善保管和利用借入的会计档案，确保借入会计档案的安全完整，并在规定时间内归还。

第十四条 会计档案的保管期限分为永久、定期两类。定期保管期限一般分为10年和30年。

会计档案的保管期限，从会计年度终了后的第一天算起。

第十五条 各类会计档案的保管期限原则上应当按照本办法附表执行，本办法规定的会计档案保管期限为最低保管期限。

单位会计档案的具体名称如有同本办法附表所列档案名称不相符的，应当比照类似档案的保管期限办理。

第十六条 单位应当定期对已到保管期限的会计档案进行鉴定，并形成会计档案鉴定意见书。经鉴定，仍需继续保存的会计档案，应当重新划定保管期限；对保管期满，确无保存价值的会计档案，可以销毁。

第十七条 会计档案鉴定工作应当由单位档案管理机构牵头，组织单位会计、审计、纪检监察等机构或人员共同进行。

第十八条 经鉴定可以销毁的会计档案，应当按照以下程序销毁。

（一）单位档案管理机构编制会计档案销毁清册，列明拟销毁会计档案的名称、卷号、册数、起止年度、档案编号、应保管期限、已保管期限和销毁时间等内容。

（二）单位负责人、档案管理机构负责人、会计管理机构负责人、档案管理机构经办人、会计管理机构经办人在会计档案销毁清册上签署意见。

（三）单位档案管理机构负责组织会计档案销毁工作，并与会计管理机构共同派员监销。监销人在会计档案销毁前，应当按照会计档案销毁清册所列内容进行清点核对；在会计档案销毁后，应当在会计档案销毁清册上签名或盖章。

电子会计档案的销毁还应当符合国家有关电子档案的规定，并由单位档案管理机构、会计管理机构和信息系统管理机构共同派员监销。

第十九条 保管期满但未结清的债权债务会计凭证和涉及其他未了事项的会计凭证不得销毁，纸质会计档案应当单独抽出立卷，电子会计档案单独转存，保管到未了事项完结时为止。

单独抽出立卷或转存的会计档案，应当在会计档案鉴定意见书、会计档案销毁清册和会计档案保管清册中列明。

第二十条 单位因撤销、解散、破产或其他原因而终止的，在终止或办理注销登记手续之前形成的会计档案，按照国家档案管理的有关规定处置。

第二十一条 单位分立后原单位存续的，其会计档案应当由分立后的存续方统一保管，其他方可以查阅、复制与其业务相关的会计档案。

单位分立后原单位解散的，其会计档案应当经各方协商后由其中一方代管或按照国家档案管理的有关规定处置，各方可以查阅、复制与其业务相关的会计档案。

单位分立中未结清的会计事项所涉及的会计凭证，应当单独抽出由业务相关方保存，并按照规定办理交接手续。

单位因业务移交其他单位办理所涉及的会计档案，应当由原单位保管，承接业务单位可以查阅、复制与其业务相关的会计档案。对其中未结清的会计事项所涉及的会计凭证，应当单独抽出由承接业务单位保存，并按照规定办理交接手续。

第二十二条 单位合并后原各单位解散或者一方存续其他方解散的，原各单位的会计档案应当由合并后的单位统一保管。单位合并后原各单位仍存续的，其会计档案仍应当由原各单位保管。

第二十三条 建设单位在项目建设期间形成的会计档案，需要移交给建设项目接受单位的，应当在办理竣工财务决算后及时移交，并按照规定办理交接手续。

第二十四条 单位之间交接会计档案时，交接双方应当办理会计档案交接手续。

移交会计档案的单位，应当编制会计档案移交清册，列明应当移交的会计档案名称、卷号、册数、起止年度、档案编号、应保管期限和已保管期限等内容。

交接会计档案时，交接双方应当按照会计档案移交清册所列内容逐项交接，并由交接双方的单位有关负责人负责监督。交接完毕后，交接双方经办人和监督人应当在会计档案移交清册上签名或盖章。

电子会计档案应当与其元数据一并移交，特殊格式的电子会计档案应当与其读取平台一并移交。档案接受单位应当对保存电子会计档案的载体及其技术环境进行检验，确保所接收电子会计档案的准确、完整、可用和安全。

第二十五条 单位的会计档案及其复制件需要携带、寄运或者传输至境外的，应当按照国家有关规定执行。

第二十六条 单位委托中介机构代理记账的，应当在签订的书面委托合同中，明确会计档案的管理要求及相应责任。

第二十七条 违反本办法规定的单位和个人，由县级以上人民政府财政部门、档案行政管理部门依据《中华人民共和国会计法》《中华人民共和国档案法》等法律法规处理处罚。

第二十八条 预算、计划、制度等文件材料，应当执行文书档案管理规定，不适用本办法。

第二十九条 不具备设立档案机构或配备档案工作人员条件的单位和依法建账的个体工商户，其会计档案的收集、整理、保管、利用和鉴定销毁等参照本办法执行。

第三十条 各省、自治区、直辖市、计划单列市人民政府财政部门、档案行政管理部门，新疆生产建设兵团财务局、档案局，国务院各业务主管部门，中国人民解放军总后勤部，可以根据本办法制定具体实施办法。

第三十一条 本办法由财政部、国家档案局负责解释，自 2016 年 1 月 1 日起施行。1998 年 8 月 21 日财政部、国家档案局发布的《会计档案管理办法》（财会字〔1998〕32 号）同时废止。

附表：1. 企业和其他组织会计档案保管期限表

2. 财政总预算、行政单位、事业单位和税收会计档案保管期限表

附表 1

企业和其他组织会计档案保管期限表

序号	档案名称	保管期限	备注
一	会计凭证		
1	原始凭证	30 年	
2	记账凭证	30 年	
二	会计账簿		
3	总账	30 年	
4	明细账	30 年	
5	日记账	30 年	
6	固定资产卡片		固定资产报废清理后保管 5 年
7	其他辅助性账簿	30 年	
三	财务会计报告		
8	月度、季度、半年度财务会计报告	10 年	
9	年度财务会计报告	永久	
四	其他会计资料		
10	银行存款余额调节表	10 年	
11	银行对账单	10 年	
12	纳税申报表	10 年	
13	会计档案移交清册	30 年	
14	会计档案保管清册	永久	
15	会计档案销毁清册	永久	
16	会计档案鉴定意见书	永久	

附表 2

财政总预算、行政单位、事业单位和税收会计档案保管期限表

序号	档案名称	保管期限			备注
		财政总预算	行政单位事业单位	税收会计	
一	会计凭证				
1	国家金库编送的各种报表及缴库退库凭证	10 年		10 年	
2	各收入机关编送的报表	10 年			
3	行政单位和事业单位的各种会计凭证		30 年		包括：原始凭证、记账凭证和传票汇总表
4	财政总预算拨款凭证和其他会计凭证	30 年			包括：拨款凭证和其他会计凭证
二	会计账簿				
5	日记账		30 年	30 年	
6	总账	30 年	30 年	30 年	
7	税收日记账（总账）			30 年	
8	明细分类、分户账或登记簿	30 年	30 年	30 年	
9	行政单位和事业单位固定资产卡片				固定资产报废清理后保管 5 年
三	财务会计报告				
10	政府综合财务报告	永久			下级财政、本级部门和单位报送的保管 2 年
11	部门财务报告		永久		所属单位报送的保管 2 年
12	财政总决算	永久			下级财政、本级部门和单位报送的保管 2 年
13	部门决算		永久		所属单位报送的保管 2 年
14	税收年报（决算）			永久	
15	国家金库年报（决算）	10 年			
16	基本建设拨、贷款年报（决算）	10 年			
17	行政单位和事业单位会计月、季度报表		10 年		所属单位报送的保管 2 年
18	税收会计报表			10 年	所属税务机关报送的保管 2 年
四	其他会计资料				
19	银行存款余额调节表	10 年	10 年		
20	银行对账单	10 年	10 年	10 年	
21	会计档案移交清册	30 年	30 年	30 年	
22	会计档案保管清册	永久	永久	永久	
23	会计档案销毁清册	永久	永久	永久	
24	会计档案鉴定意见书	永久	永久	永久	

注：税务机关的税务经费会计档案保管期限，按行政单位会计档案保管期限规定办理。

第二部分　电子发票的理论与实践

实务链接

电子发票必须保存电子档

财政部、国家档案局于 2020 年 3 月 23 日发布了《财政部 国家档案局关于规范电子会计凭证报销入账归档的通知》。本通知的主要内容包括以下几个方面。

（1）明确了合法的电子会计凭证、电子会计档案与纸质会计凭证、纸质会计档案具有同等法律效力。

（2）要求电子会计凭证的报销管理也需要有经办、审核、审批等必要的审签程序，这样能防止重复入账。

（3）电子发票的纸质打印件不应作为单位入账归档的唯一凭证，以电子会计凭证纸质打印件作为报销入账归档依据的，必须同时保存打印该纸质件的电子会计凭证电子档。

一、电子发票的内涵

（一）电子发票的产生与发展

2013 年 6 月 27 日，电子商务企业——京东商城在北京总部开出了我国第一张电子发票（见图 2-1）。该发票由京东旗下专营图书的全资子公司江苏圆周电子商务有限公司北京分公司开具，发票金额为 41.4 元，交易商品为两本《中国梦》图书。这张发票拉开了新时代我国发票和发票管理体系的变革序幕。2014 年 6 月 27 日，人保财险接受第一张电子化入账的发票。2015 年 9 月，国务院印发《关于加快构建大众创业万众创新支撑平台的指导意见》，指出需要加快使用电子发票。

北京市国家税务局电子发票

发票联

发票代码：111001371001

开票日期：2013年06月27日　　发票号码：00000001

税款单位：江苏圆周电子商务有限公司北京分公司

税号：110192565816506

付款单位（个人）：个人

防伪码：678237083280008

项目	单价	数量	金额
中国梦（修订版）	￥20.70	2	￥41.40

江苏圆周电子商务有限公司北京分公司 110192565816506 发票专用章

备注：

小写合计：41.40　大写合计：肆拾壹圆肆角

开票人：熊建南

图 2-1　我国第一张电子发票

迄今为止，我国电子发票的发展以国家税务总局在 2015 年 11 月发布的《关于推行通过增值税电子发票系统开具的增值税电子普通发票有关问题的公告》（国家税务总局公告 2015 年第 84 号，以下简称“84 号公告”）为分水岭，主要为试运营和全面推广两个阶段，如图 2-2 所示。

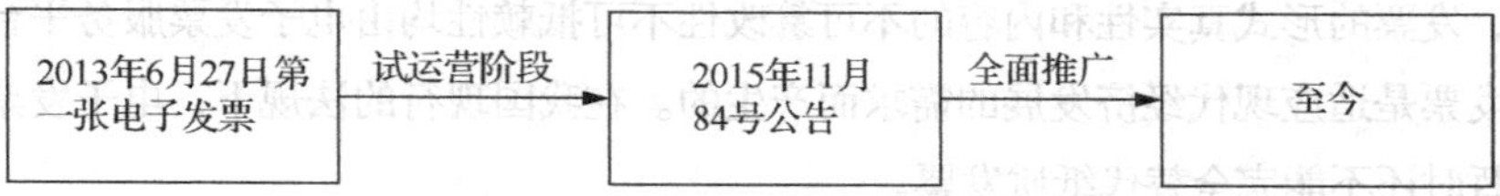

图 2-2　电子发票发展阶段示意图

电子发票在试运营阶段主要集中在电子商务领域及少数金融保险机构，适用范围比较单一，由于相关政策的缺失，试运营阶段的电子发票抬头均为“个人”，只能针对个人消费者作为交易和维权的凭证，无法作为报销凭证使用。2015 年 11 月 26 日，国家税务总局发布“84 号公告”，电子发票正式进入“全面推广”阶段。2017 年 3 月，国家税务总局发布《关于进一步做好增值税电子普通发票推行工作的指导意见》，该意见在包含电商、电信、金融、快递、公用事业等有特殊需求的纳税人中推行使用电子发票。2017 年 7 月，国务院会议确定在年底前实现统一开具高速公路通行费电子发票，并于 2017 年 12 月要求通行费不再开具纸质发票，并且通行费电子普通发票可以进行勾选抵扣。2020 年 3 月，国家税务总局在北京、上海、重庆、广州开通了电子发票公共服务平台（优化版），新办纳税人可免费领取税务发放的 UKey，直接开具增值税专用发票和普通发票，不再需要向第三方购买税控设备。国家税务总局决定自 2020 年 4 月 1 日起，扩大电子发票试行范围，加快增值税专用发票电子化进程，力争在 2020 年年底前有实质性进展。统计数据显示，2017 年我国电子发票开具量达 13.1 亿张，预计到 2022 年将可能高达 545.5 亿张，年均增长速度持续超过 100%。

电子发票有哪些优势呢?首先，电子发票不需要打印，以电子形式流通，既节约了资源又绿色环保。企业也减少了管理成本，如企业领购发票过程中的路费、邮费、发票保管费、开具的人工费，以及归档存储费用等。其次，税务局可以利用先进的技术手段对发票信息进行分类统计、校验真伪、实时监控，从源头杜绝了假发票，更利于税务局监管。由于采用了电子方式流通，也大幅减少了税务局和企业的工作。发票开具时可以自动提取企业开票信息，保证了发票开具的准确性。大大提高了工作效率。最后，电子发票存在于网络中，不需要消费者单独保存，用时再进行提取，保证了发票不会丢失损坏，有助于维护消费者的利益。

（二）电子发票的定义和相关概念

1．定义

电子发票，是指发票内容信息的存在形式电子化，也包括发票使用管理过程的电子化，即发票的开具、获取、传输、保存、报送税务机关、税务机关的核查等过程的电子化。电子发票是独立以数据电文形式存在的发票，不依托任何纸质凭证，内容包含交易双方购销商品、提供或者接受服务以及从事其他经营活动中产生的所有细节信息，具备发票的完备形式，满足作为凭证的要求。

它具有以下几个特点。第一，它是电子化的，是通过网络传递的一种收付款凭证。第二，它具有和纸质发票一样的法律效力，可以作为会计核算的原始凭证和税务稽查的重要依据。电子发票是互联网技术、计算机技术快速发展的产物，它完全脱离了纸质形态，利用先进的计算机技术以电子记录的形态在网上进行存储、流通。第三，电子发票和纸质发票一样，由税务局统一发放，和纸质发票采用同样的防伪技术，通常都是以PDF形式存储。

电子发票是一种信息化时代发票管理的理念和方法的体现，即通过统一建设的电子发票服务平台，发票的发行、开具、接收、保存、查验等都以电子化、网络化的方式完成，发票的所有内容信息完整采集，发票的形式真实性和内容的不可篡改性不可抵赖性均由电子发票服务平台及系统管理保证。电子发票是适应现代经济发展的需求而产生的。在我国现行的法规下，电子发票和纸质发票并行存在，暂时还不能完全替代纸质发票。

我国电子发票的诞生和发展，离不开电子商务企业。以苏宁、京东为代表的一批电子商务企业，从客观上影响了电子发票的产生和发展，电子发票的出现为新时代开放、协作、平等的互联网精神做出了很好的诠释。

2．电子签名

电子发票是发票由纸质载体向电子化信息载体的一次飞跃式的转变，但其发票的属性并没有改变，其产生的原理、运作机制和管理体系与纸质增值税普通发票如出一辙，但发票由实实在在的纸变成了“虚无缥缈”的电子信息，人们需要从技术层面上确保它在网络流转过程中的真实有效与不可篡改。因此，电子签名技术的运用是当前电子发票与纸质发票的核心区别之一。2005年4月1日，经全国人民代表大会审议通过，我国正式实施《中华人民共和国电子签名法》（以下简称《电子签名法》），该法在促进我国电子商务健康发展的同时，从根本上也为电子发票的存在提供了法律依据。电子签名是现代认证技术的泛称，它并非书面签名或盖章的简单图像化。我国颁布的《电子签名法》将电子签名定义为：数据电文中以电子形式所含、所附于识别签名人身份并表明签名人认可其中内容的数据。这个定义是较为广义的电子签名概念，即凡是在电子通信中能起到证明当事人身份和当事人对通信内容表示认可的电子技术手段，都可被称作电子签名。而狭义的电子签名仅指数字签名（digital signature），即采用了非对称密钥加密技术制成的电子签名，是目前较为成熟和广泛应用的签名技术。电子发票正是运用了这一技术，使它在网络中的流转获得了安全有效的保障。

3．组成要素

电子发票的本质是一串计算机字符，而版式文件将其展示为人们能够读懂的“语言”。目前所有的增值税发票均由增值税发票管理新系统开具，因此电子发票也几乎完全继承了增值税（纸质）发票的组成要素，我们以版式文件（见图2-3）为例，把它划分为9大部分，逐一进行简要说明。

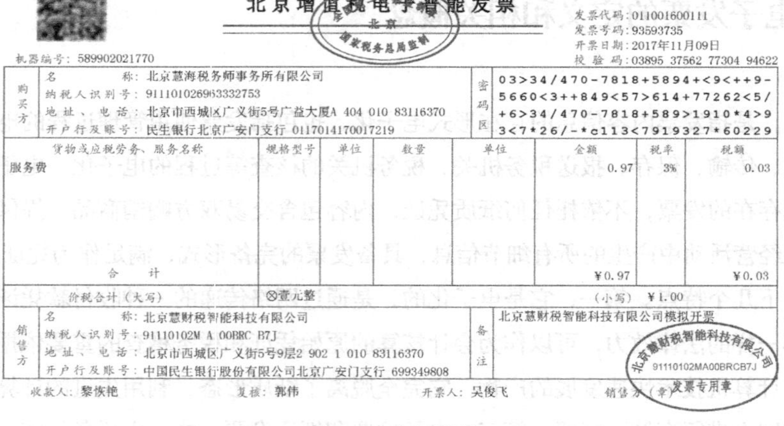

北京增值税电子普能发票

发票代码：011001600111
发票号码：93593735
开票日期：2017年11月09日
校验码：03895 37562 77304 94622

机器编号：589902021770

购买方	名称：北京慧海税务师事务所有限公司 纳税人识别号：91110102696333275З 地址、电话：北京市西城区广义街5号广益大厦A 404 010 83116370 开户行及账号：民生银行北京广安门支行 0117014170017219	密码区	03>34/470-7818+5894+<9<++9- 5660<3++849<57>614+77262<5/ +6>34/470-7818+589>1910*4>9 3<7*26/-*c113<7919327*60229

货物或应税劳务、服务名称	规格型号	单位	数量	单位	金额	税率	税额
服务费					0.97	3%	0.03
合计					¥0.97		¥0.03
价税合计（大写）	⊗壹元整				（小写）¥1.00		

销售方	名称：北京慧财税智能科技有限公司 纳税人识别号：91110102M A 00BRC B7J 地址、电话：北京市西城区广义街5号9层2 902 1 010 83116370 开户行及账号：中国民生银行股份有限公司北京广安门支行 699349808	备注	北京慧财税智能科技有限公司模拟开票

收款人：黎恢艳　　复核：郭伟　　开票人：吴俊飞　　销售方（章）

图2-3　电子发票

（1）机器编号与二维码（见图 2–4）。

机器编号：589902021770

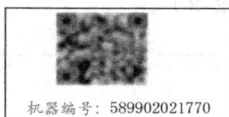

图 2–4　机器编号与二维码

机器编号代表开具这张电子发票的税控设备（金税盘或税控盘）编号。二维码由电子发票服务商生成，包含了发票的主要票面信息，使用对应服务商开发的扫码工具即可进行扫描、识别。

（2）发票代码、发票号码、开票日期、校验码（见图 2–5）。

发票代码：011001600111
发票号码：93593735
开票日期：2017年11月09日
校 验 码：0389537562 77304 94622

图 2–5　发票代码、发票号码、开票日期、校验码

发票代码和发票号码由国家税务总局编制，专门用于识别和管理增值税发票的编码规则。其中发票代码为 12 位，第 1 位统一为 0，第 2 位至第 5 位代表省、自治区、直辖市和计划单列市，第 6 位至第 7 位代表年度，第 8 位至第 10 位代表批次，第 11 位至第 12 位代表票种（11 代表增值税电子普通发票）。发票号码为 8 位，按年度、分批次进行编制。开票日期由税控设备内置的时钟系统生成，开票方无法自行改动。

（3）购买方信息（见图 2–6）。

购买方	名　　　　称：	北京慧海税务师事务所有限公司
	纳税人识别号：	911101026963332753
	地 址 、 电 话：	北京市西城区广义街5号广益大厦A 404 010-83116370
	开户行及账号：	民生银行北京广安门支行 0117014170017219

图 2–6　购买方信息

购买方信息包括名称（即人们常说的抬头），纳税人识别号，地址、电话和开户行及账号。自 2017 年 7 月 1 日起，购买方为企业的，索取增值税普通发票时，应向销售方提供纳税人识别号或统一社会信用代码。不符合规定的发票，不得作为税收凭证。对于增值税电子普通发票，购买方名称与纳税人识别号两项属于必填内容。

（4）密码区（见图 2–7）。

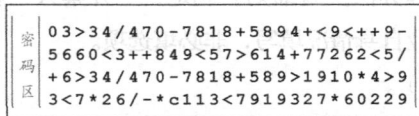

密码区
```
03>34/470-7818+5894+<9<++9-
5660<3++849<57>614+77262<5/
+6>34/470-7818+589>1910*4>9
3<7*26/-*c113<7919327*60229
```

图 2–7　密码区

密码区是验证发票真伪的重要依据。我们通过税控设备内存储的加密算法对发票的代码、号码、金额（不含税）、税额、开票日期和购销双方纳税人识别号共 7 项要素信息进行加密，形成 108 位的密码区密文。当需要验证发票真伪时，税务机关通过解密密文即可得到 7 项要素的明文信

息，再与发票票面信息进行对比，如一致则可确定发票为真。

（5）商品明细、价格与数量（见图 2-8）。

货物或应税劳务、服务名称	规格型号	单位	数量	单位	金额	税率	税额
服务费					0.97	3%	0.03
合　　计					¥0.97		¥0.03
价税合计（大写）	⊗壹元整				（小写）¥1.00		

图 2-8　商品明细、价格与数量

增值税发票票面采取了金额（不含税）、税额分开展示的形式以便于购、销双方计算和抵扣增值税税额，其中最下方的合计金额为销售方的实际收取金额。

（6）销售方信息（见图 2-9）。

销售方	名　　　称：北京慧财税智能科技有限公司 纳税人识别号：91110102M A 00BRC B7J 地 址 、 电 话：北京市西城区广义街5号9层2-902-1 010-83116370 开户行及账号：中国民生银行股份有限公司北京广安门支行 699349808

图 2-9　销售方信息

销售方信息包括名称，纳税人识别号，地址、电话和开户行及账号。其中名称与纳税人识别号两项自动从税控设备读取，地址、电话与开户行及账号需要开票方自行配置。

（7）备注（见图 2-10）。

备注	北京慧财税智能科技有限公司模拟开票

图 2-10　备注

备注栏是发票上填写辅助和说明内容的区域，由开票方在合法合规的前提下自行填写。国家税务总局针对一些行业的特定业务，明确提出了备注栏的填写要求，使其重要性日益提高。

（8）收款人、复核、开票人（见图 2-11）。

收款人：黎恢艳	复核：郭伟	开票人：吴俊飞

图 2-11　收款人、复核、开票人

《中华人民共和国发票管理办法实施细则》规定，“开票人”属于发票的基本内容，不可缺少。收款人、复核两项根据企业自身情况填写，非必填选项。

（9）电子签章（见图 2-12）。

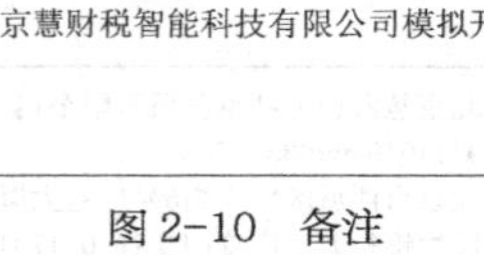

图 2-12　电子签章

电子签章是电子签名的一种表现形式，即利用图像技术将电子签名转化为传统发票可用章的可视化效果，便于人们理解和接受。而其背后真正的电子签名则保障了信息在流转过程中的真实完整性以及签名人的不可抵赖性。

二、电子发票的使用方法

电子发票是以信息为载体、以版式文件作为展示形式的一种发票形态，相较于传统纸质发票，其流转过程发生了根本性转变。使用纸质发票时，消费者最痛苦的就是完成消费之后，等待开票的过程比较漫长，取到纸质发票后进行发票保存也很麻烦，担心损坏或丢失。尤其是在填写报账单的时候，需要将成沓的发票用胶水粘贴，还需要考虑发票的粘贴方式，整个过程非常烦琐。而使用电子发票后，则不存在类似问题，消费完成后，可以及时通过扫码进行开票，可以自动生成报销单据，进行智能稽核并快速付款，这大大缩短了报销周期（见图 2–13）。

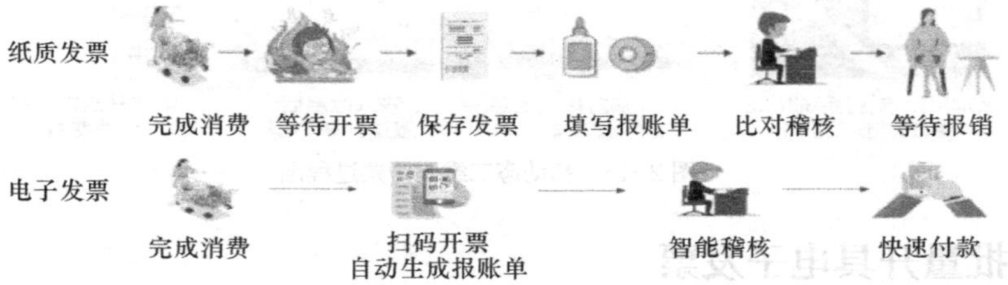

图 2–13　纸质发票与电子发票流转过程图

电子发票主要包括以下 3 种使用方式。

（一）扫码开票

扫码开票指的是扫描固定二维码的方式（见图 2–14），这也是我们比较常见的方式。例如，在餐厅消费结账时，服务员会告诉我们，可以通过扫描台面上的二维码提交开票申请，这时我们用手机扫描二维码后手机界面自动跳转到输入抬头信息的界面，如果以前在其他地方开过相同抬头的发票，那么只需要输入抬头简单信息，就可以自动带出全部信息。然后单击申请，待服务员录入消费商品和金额后即可开具发票。如果是电子发票则会自动推送到邮箱中。当然你也可以申请开具纸质发票。

（二）扫动态二维码开票

扫动态二维码开票的方式（见图 2–15）也比较常见，如星巴克、麦当劳等快餐店使用的就是这种开票方式。当消费完成后，快餐店给我们的小票或者手机上的消费记录中，就会包含一个二维码。直接扫描或者识别，即可进行抬头的录入，并且个人的本次消费信息也自动携带过来，只需要单击开票申请，即可自动开具发票并发送邮箱。

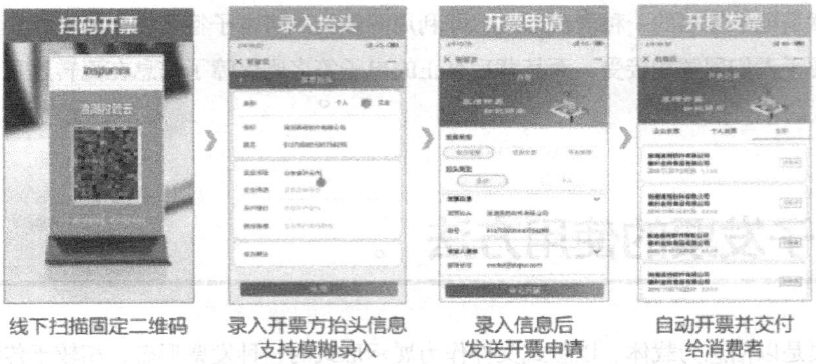

图 2-14　扫码开票过程图

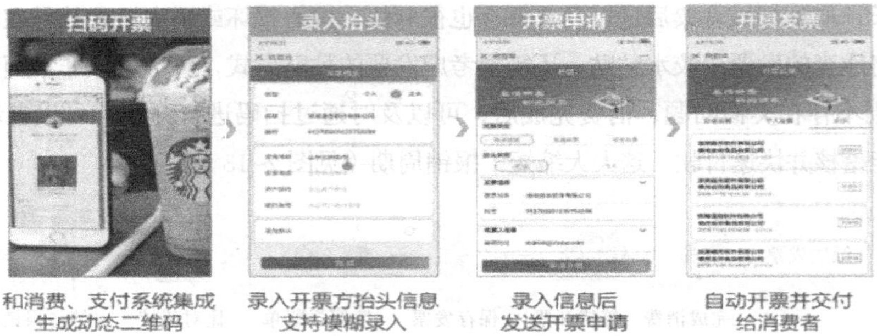

图 2-15　扫动态二维码开票过程图

（三）批量开具电子发票

在我们日常的生活中，如果在消费过程中有一系列的连贯消费，可以批量开具电子发票（见图 2-16）。例如，大家可以回想一下，原来坐飞机的时候，大家想要获取相应的消费发票需要经历怎样的处理过程。现在很多航公司都具有一套线上消费支付并自动开具发票的管理流程。大家可以在其官网、App 上完成机票购买、升舱、贵宾休息厅或超重行李托运等服务申请。并且可以在 App 上直接进行电子发票的开具。App 会把你曾经的消费记录列示出来，由大家进行选择后合并开票。后面的流程就和其他的开票方式一样了，可以开具后自动推送到相应的邮箱或者 App 中。

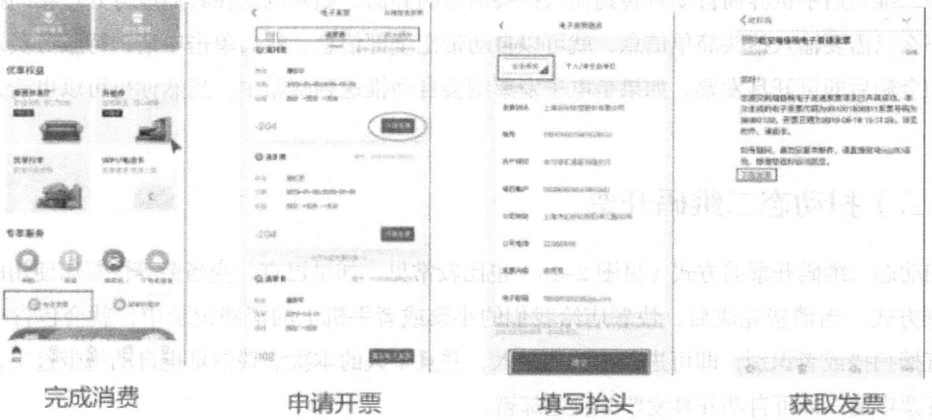

图 2-16　批量开具电子发票过程图

三、电子发票操作实务

（一）电子发票服务平台

电子发票的开具、流转、报销、入账等环节涉及全国区域内各类使用发票的单位和个人，只有建立一个功能完备、性能优越和覆盖海量用户的集中平台，才能撑起电子发票在互联网上的整体流转和应用。因此，电子发票服务平台顺势而生。现阶段，电子发票服务平台主要有以下几个。

1．51 发票

51 发票是航天信息股份有限公司面向企业和社会公众搭建的全国性电子发票服务平台（见图 2–17），依托公司大数据、云计算、物联网、区块链等先进技术手段，为企业提供一体化的电子发票管理、进销项发票管理、非税票据电子化等方面的解决方案。51 发票平台是全国最早从事电子发票服务的第三方服务平台之一，也是全国唯一完全使用自有知识产权的电子发票服务平台，并通过信息安全等级保护三级备案。航天信息股份公司在税务领域有着 20 余年的经验，并在全国 31 个省市建立了独立服务队伍，航天信息股份有限公司自 2012 年开始进行电子发票研究，开具了国内第一张电子发票，并率先实现电子发票全国覆盖，一直是电子发票领域的开拓者和领跑者。

图 2–17　51 发票平台页面

2．百望云

百望云隶属百望股份，为企业提供集税控设备、发票管理系统、电子发票服务平台、发票供应链协同、发票金融服务于一体的智慧解决方案及发票云生态服务（见图 2–18）。百望股份致力于通过发票数字化，打通商务交易最后一公里，实现商务交易的闭环，让交易链条中的每个人，都享受到数字化带来的好处。百望股份在金融、保险、酒店、零售等行业都积累了丰富的客户服务经验，拥有中国人寿、中国农业银行、中华保险、沃尔玛等一批大型集团性用户，目前已经成长为我国领先的税务信息化解决方案提供商。

3．瑞宏网

东港股份有限公司于 1996 年设立，2007 年 3 月 2 日在深圳证券交易所挂牌上市（股票代码 002117）。北京东港瑞宏科技有限公司作为东港股份有限公司的子公司，秉承东港股份理念，十分注重队伍建设，拥有专业的电子发票研发团队，在国内最早研究、研发了电子发票产品并成功开具第一张增值税升级版电子发票。目前，电子发票产品已覆盖全国，涉及电商、公用事业、金融保险、高速公路、餐饮、百货商超、医药、第三方支付等行业，并创造了多个电子发票领域第一。东港股份有限公司在电子发票领域的探索是我国传统企业凭借市场机遇进行自身产业升级转型的一个典型案例（见图 2–19）。

图 2–18　百望云平台页面

图 2–19　瑞宏网平台页面

4．用友税务服务云

用友（集团）成立于 1988 年，是亚太地区领先的企业管理软件、企业互联网服务和企业金融服务提供商，是中国最大的 ERP、CRM、人力资源管理、商业分析、内审、小微企业管理软件和财政、汽车、烟草等行业应用解决方案提供商。用友 iUAP 平台是中国大型企业和组织应用最广泛的企业互联网开放平台，畅捷通平台是支持千万级小微企业的公有云服务平台（见图 2–20）。

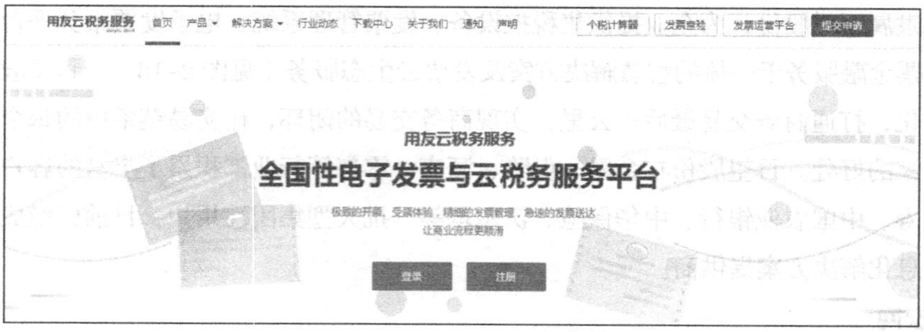

图 2–20　用友云税务服务平台页面

用友在金融、医疗卫生、电信、能源等行业应用以及数字营销、企业社交与协同、企业通信、企业支付、P2P、培训教育、管理咨询等服务领域快速成长。在电子发票全国推广以后，基于广大

ERP 客户的需求，用友建立了以大数据云服务为特征的用友电子发票服务平台，并于 2016 年 3 月推出了电子发票服务，与此同时，根据《会计档案管理办法》政策精神，用友又在 6 月推出了用友电子会计档案服务。用友税务云基于新的互联网、云计算、大数据等技术，基于社会化商业这一新的商业模式为企业提供以销项管理、进项管理、纳税申报为核心的增值税服务，为企业提供经营过程中所有涉税环节的解决方案。用友税务云打通企业业务、财务、税务数据，为企业提供智能税务服务，帮助企业做最佳税务决策，建立具有连接、高效、智能新特性的税务云平台。

（二）案例：京东商城的电子发票

根据京东商城的购物场景，接下来以手机京东 App 为例，为大家介绍京东电子发票开具步骤。

（1）打开并登录手机上面的京东 App，如图 2-21 所示。

图 2-21　打开并登录京东 App

（2）进入京东首页之后，单击右下角的“我的”，如图 2-22 所示。

（3）进入个人中心，单击其中的“我的订单”，如图 2-23 所示。

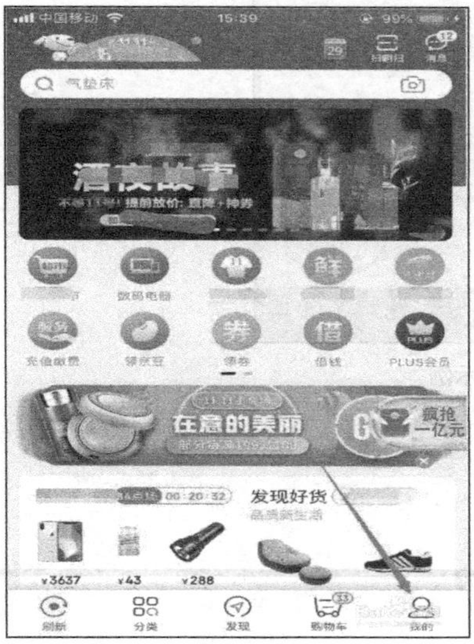

图 2-22　单击“我的”

图 2-23　单击“我的订单”

（4）找到要开具电子发票的订单，单击“查看发票”，如图 2-24 所示。

（5）进入“发票详情”页之后，如果想要查看发票明细进行确认，可以继续单击“查看发票”，如图 2-25 所示。

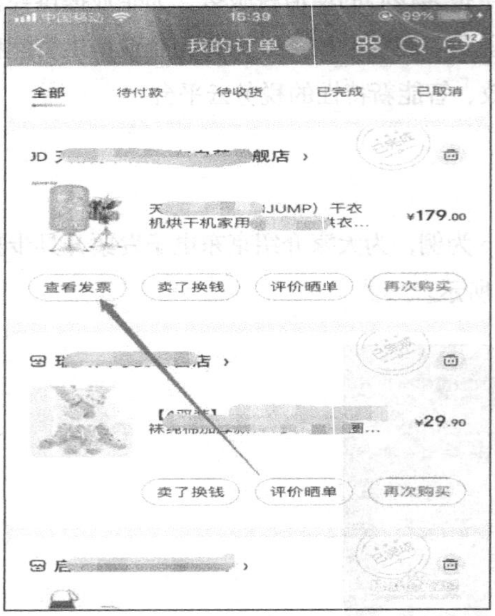

图 2-24　单击“查看发票”

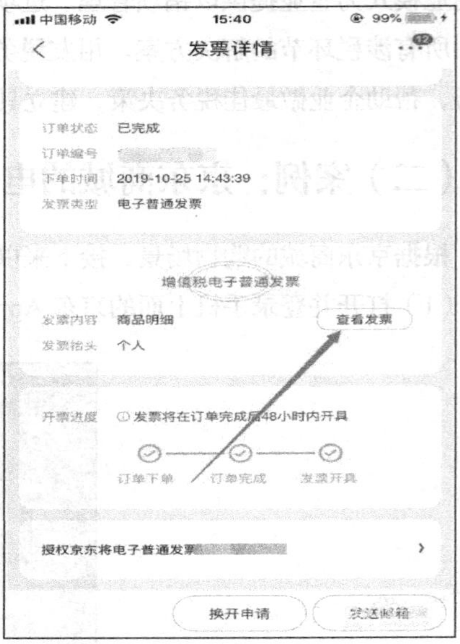

图 2-25　“发票详情”页

（6）随后可以看到具体的发票，如图 2-26 所示。

说明：京东系统会根据默认收货地址，开具当地的发票，如辽宁。

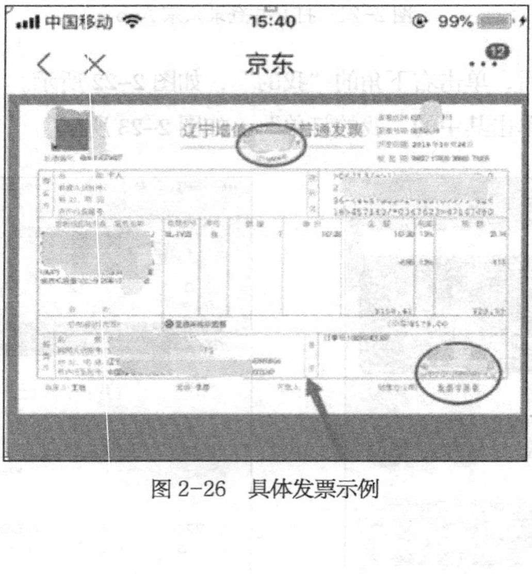

图 2-26　具体发票示例

四、电子发票的报销

相较于电子发票在开具端的应用和普及，报销是当前困扰着电子发票进一步发展的最大难点和痛点。“电子发票如何报销”“如何避免电子发票重复性报销”等问题，一直是广大纳税人最为关注的问题。从理论上说，电子发票的报销很方便，它网络化、无纸化，以数据信息的形态进行流转，能够有效避免传统纸质发票在保存和使用上的不便。但在实际操作中，我国企业基本上都是以国家税务总局《关于推行通过增值税电子发票系统开具的增值税电子普通发票有关问题的公告》（国家税务总局公告 2015 年第 84 号，以下简称“84 号公告”）的文件内容作为依据，将电子发票版式文件打印成纸质载体进行报销，而采取这种方式所产生的一系列问题也令人始料未及，如重复报销、修改发票基本信息等。电子发票在报销端的应用是否通畅、是否能实现无纸化的操作的突破，在某种程度上决定着我国电子发票推广工作的成败。

（一）纸质发票的报销

纸质发票的报销账务处理流程为：报销的单位员工填写费用报销单（见图 2-27），将所需报销的发票附于报销单之后，完成签审流程并提交财务部门。财务部门对凭证的真实性、合法性、完整性进行审核，其中费用报销单的审核包括信息的填写是否正确、相关审批人员是否签字或者签章等。对发票真伪的审核，需要财务人员登录对应税务机关的发票查验网站进行确认。

装订线

费 用 报 销 单

填报单位：　　　　　　年　　月　　日

报销内容	单据张数	报销金额	%	核准金额	领导批示
合　计					
合计（大写）					
财　务负责人	部　门负责人	经手人	审核		

图 2-27　费用报销单示例

在凭证审核无误后，财务人员向报销人员打款，并对该笔费用进行登账处理。财务人员需要进行记账凭证的填制，将对应的发票和费用报销单附于记账凭证之后，再由相关人员进行审核并逐一签字。

登记好记账凭证后，财务人员进行账簿的登记，将分散在凭证上的大量核算数据，统一加以集中和归类，生成有用的会计信息，用以连续、系统地反映单位在一定时期内的经济业务情况，为编制会计报表、进行会计分析和审计等提供主要依据。

单位的财务部门需要定期将各种会计凭证、会计账簿以及其他会计资料整理立卷，形成会计档案并编制保管清册。至此，一张发票在经历了层层洗礼后，最终到达目的地，以会计档案的形式完成整个生命周期的流转。

（二）当前电子发票的报销

现阶段，我国大部分单位针对电子发票报销所采取的处理方案，都以“84 号公告”第三条内容“增值税电子普通发票的开票方和受票方需要纸质发票的，可以自行打印增值税电子普通发票的版式文件，其法律效力、基本用途、基本使用规定等与税务机关监制的增值税普通发票相同”作为政策依据，即以打印电子发票版式文件作为原始凭证进行报销。

采用这种方式的电子发票报销流程，与上述纸质发票报销流程没有区别，但是会带来新的问题，相较于纸质发票的唯一性特点，如何避免多次打印电子发票，进行重复报销带来的风险？针对这一问题，社会上各类单位有着不同的解决方案。比较有代表性的是通过“人工建表”的方式来杜绝电子发票的重复报销风险。

“人工建表”是指由单位财务人员建立电子表格，从第一次成功接收电子发票报销开始，就对其号码、代码进行登记，这样在下一次接到电子发票报销申请时，如无记录就可视为该电子发票在本单位从未报销（见表 2–1）。

表 2–1　　　　　　　　　　×××公司电子发票报销台账

序号	发票号码	凭证号	报销人	报销日期	（可以加其他项目）
1	111001571071	银支-5-0001	陈薇莉	2016/5/3	
2	111001571072	银支-5-0002	张莹	2016/5/4	
3	111001571073	银支-5-0003	汪雷雨	2016/5/5	
4	111001571074	银支-5-0004	高纪	2016/5/6	
5	111001571075	银支-5-0005	赵轩艺	2016/5/7	
6	111001571076	银支-5-0006	李伟	2016/5/8	
7	111001571077	银支-5-0007	王平	2016/5/9	
8	111001571078	银支-5-0008	邱葆述	2016/5/10	

这种“建表”的方式可以有效防止电子发票在本单位的重复报销，但随着电子发票报销数量的增加，财务人员的工作量也势必大大增加。因此，为了减轻财务人员的工作负担，市场上，各种防范电子发票重复报销的软件陆续推出，此外，选取中国财务总监网的《防范电子发票重复报销》软件进行演示操作说明，具体软件的功能大多类似，操作如下。

1．扫描二维码自动录入、自动保存电子发票、纸质发票信息

通过扫描二维码，把电子发票上的相关信息扫描到软件数据库中，自动保存、自动比对查重。

可按报销人员、录入人员、开票时间段、录入时间段、发票号码等条件组合查询统计，可以把发票信息、查询结果导出到 Excel 表中，如图 2–28 所示。

图 2–28　扫描添加信息

2．电子发票重复报销时的报警提示

当有重复报销的电子发票时，软件会自动报警提示。

提示界面会显示已经报销过的电子发票的详细信息，如图 2–29 所示。

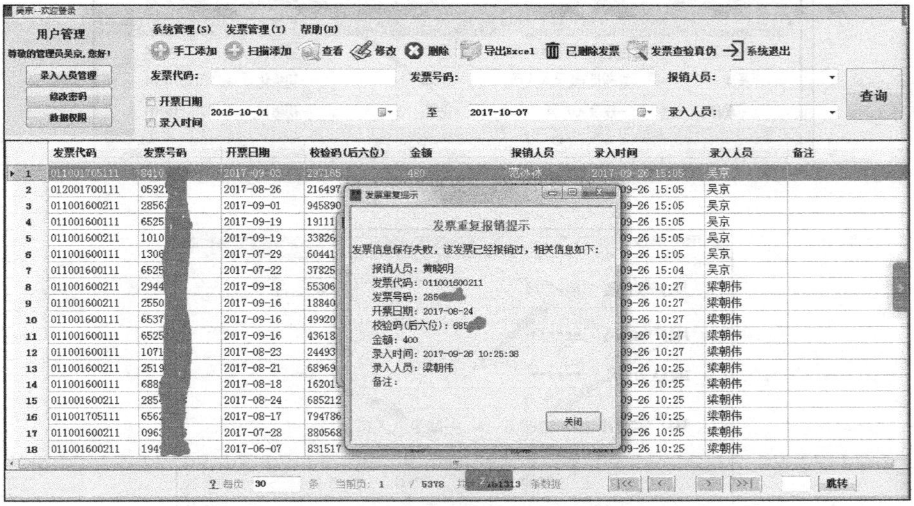

图 2–29　发票重复提示信息

3．发票查验真伪（一键实现发票信息自动填写）

软件嵌入了《国家税务总局全国增值税发票查验平台》。

选中发票信息数据，单击“发票查验真伪”按钮，发票信息会被自动填写到《国家税务总局全国增值税发票查验平台》的页面上，不用人工手动填写，如图 2–30 所示。

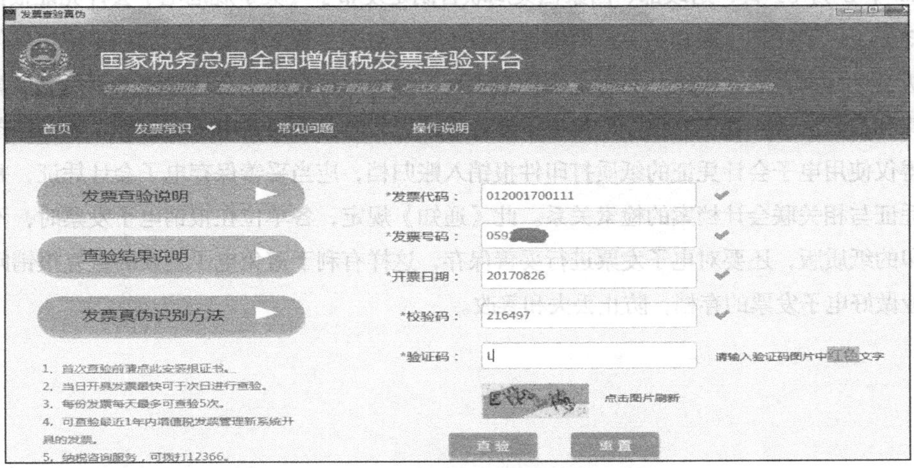

图 2–30　国家税务总局全国增值税发票查验平台

4．变更操作人员

人员工作变动时，更换操作人员（发票审核人员或录入人员）很方便，通过删除用户、增加用户，或直接修改用户的姓名、密码都可以实现，如图 2–31 所示。

变更操作人员的权限也十分方便，如图 2–32 所示。

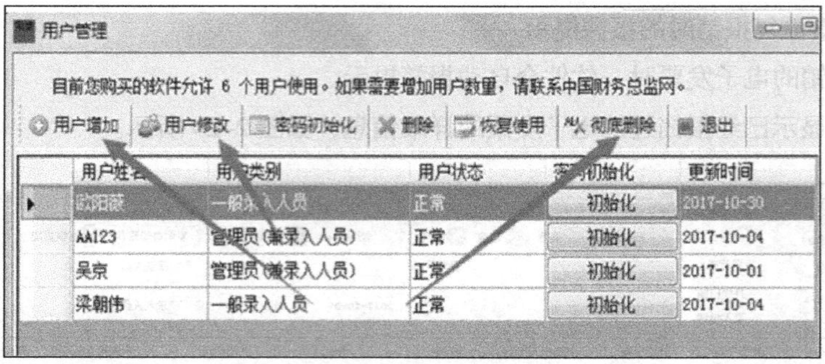

图 2-31　变更操作人员

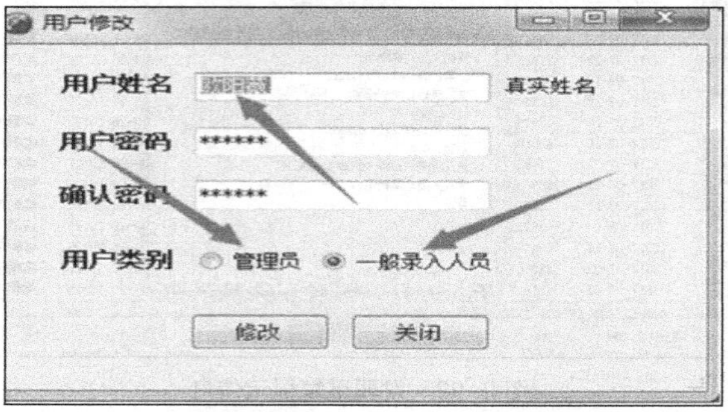

图 2-32　变更操作人员权限

由此可见，软件可以完成“人工建表”过程中的人工录入和检索工作，提高工作效率和工作的准确度。但从另一面讲，软件的应用也增加了财务人员的工作量，与目前的电子发票报销流程相比，传统纸质发票的报销反而更加高效和快捷。

2020 年 3 月 31 日，财政部、国家档案局联合制定发布了《关于规范电子会计凭证报销入账归档的通知》（以下简称《通知》），明确提出各单位要对照《通知》要求，加强单位信息化建设，及时升级会计核算系统，实施并完善电子档案管理，确保单位对电子会计凭证的利用、保管等符合有关法律和行政法规的规定。仅能取得电子会计凭证但暂时又不具备电子化报销入账归档条件的单位，不得仅使用电子会计凭证的纸质打印件报销入账归档，应当妥善保存电子会计凭证，并建立电子会计凭证与相关联会计档案的检索关系。此《通知》规定，各单位在报销电子发票时，不能仅仅收取打印的纸质版，还要对电子发票进行妥善保存，这样有利于避免电子发票的重复报销问题，但需要企业做好电子发票的存档，防止丢失和篡改。

本部分附录

财政部　国家档案局

关于规范电子会计凭证报销入账归档的通知

财会〔2020〕6号

党中央有关部门财务部门、档案部门，各省、自治区、直辖市、计划单列市财政厅（局）、档案局，新疆生产建设兵团财政局、档案局，国务院各部委财务部门、档案部门，财政部各地监管局，有关人民团体财务部门、档案部门，中央企业财务部门、档案部门：

为适应电子商务、电子政务发展，规范各类电子会计凭证的报销入账归档，根据国家有关法律、行政法规，现就有关事项通知如下：

一、本通知所称电子会计凭证，是指单位从外部接收的电子形式的各类会计凭证，包括电子发票、财政电子票据、电子客票、电子行程单、电子海关专用缴款书、银行电子回单等电子会计凭证。

二、来源合法、真实的电子会计凭证与纸质会计凭证具有同等法律效力。

三、除法律和行政法规另有规定外，同时满足下列条件的，单位可以仅使用电子会计凭证进行报销入账归档：

（一）接收的电子会计凭证经查验合法、真实；

（二）电子会计凭证的传输、存储安全、可靠，对电子会计凭证的任何篡改能够及时被发现；

（三）使用的会计核算系统能够准确、完整、有效接收和读取电子会计凭证及其元数据，能够按照国家统一的会计制度完成会计核算业务，能够按照国家档案行政管理部门规定格式输出电子会计凭证及其元数据，设定了经办、审核、审批等必要的审签程序，且能有效防止电子会计凭证重复入账；

（四）电子会计凭证的归档及管理符合《会计档案管理办法》(财政部 国家档案局第79号令)等要求。

四、单位以电子会计凭证的纸质打印件作为报销入账归档依据的，必须同时保存打印该纸质件的电子会计凭证。

五、符合档案管理要求的电子会计档案与纸质档案具有同等法律效力。除法律、行政法规另有规定外，电子会计档案可不再另以纸质形式保存。

六、单位和个人在电子会计凭证报销入账归档中存在违反本通知规定行为的，县级以上人民政府财政部门、档案行政管理部门应当依据《中华人民共和国会计法》《中华人民共和国档案法》等有关法律、行政法规处理处罚。

七、本通知由财政部、国家档案局负责解释，并自发布之日起施行。

财政部

国家档案局

2020年3月23日

发布日期：2020年3月31日

第三部分　原始凭证的填制与审核实训

实务链接

会计凭证装订方法

会计凭证装订是会计人员必备的一项会计技能，会计凭证记账后，应及时装订。装订的范围为原始凭证、记账凭证、科目汇总表、银行对账单等。科目汇总表的工作底稿也可以装订在内，作为科目汇总表的附件。会计凭证一般每月装订一次，装订好的凭证按年分月妥善保管归档。

一、工具、原料

锥子、专门用于装订凭证的针（回形针、大头针）、线、胶水、对角纸（会计装订专用的）。

二、装订前准备工作

（1）分类整理，按顺序排列，检查日数、编号是否齐全。

（2）按凭证汇总日期归集（如按上旬、中旬、下旬汇总归集）确定装订成册的本数。

（3）摘除凭证内的金属物（如订书钉、大头针、回形针），对大的张页或附件要折叠成记账凭证大小，且要避开装订线，以便翻阅保持数字完整。

（4）整理检查凭证顺序号，如有颠倒要重新排列，发现缺号要查明原因。再检查附件有没有漏缺，领料单、入库单、工资单、奖金发放单是否随附齐全。

（5）记账凭证上有关人员（如财务主管、复核、记账、制单等）的印章是否齐全。

三、会计凭证装订工作

1．装订要求

（1）整齐、美观、牢固。装订一本凭证的厚度一般为 1.5 厘米，最多不超过 3 厘米，如果本月凭证过多，可装订为多本。

（2）银行对账单、银行存款余额调节表不是原始凭证，但它们是重要的会计资料，要单独装订保存。

（3）凭证中不能有大头针、曲别针、订书钉等金属物。

（4）写好凭证封面（见图 3-1），其内容包括单位名称、年度、月份、凭证种类（收付转）、起始日期、起始号数等。

（5）线绳结要打在凭证背面。

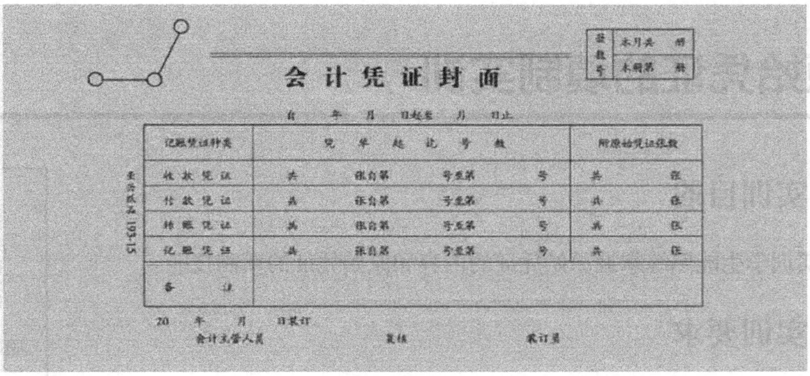

会计凭证封面

册数号：本月共　册；本册第　册

自　年　月　日起至　月　日止

记账凭证种类	凭单起讫号数	附原始凭证张数
收款凭证	共　张自第　号至第　号	共　张
付款凭证	共　张自第　号至第　号	共　张
转账凭证	共　张自第　号至第　号	共　张
记账凭证	共　张自第　号至第　号	共　张
备注		

20　年　月　日装订

会计主管人员　　复核　　装订员

图 3-1　凭证封面

2. 装订方法

（1）左侧打孔装订：在距左边沿 1.5 厘米处均匀打 2 个孔或 3 个孔，穿好线绳，在背面打结系紧后，剪掉多余绳头，用胶水粘好封皮，如图 3-2 所示。

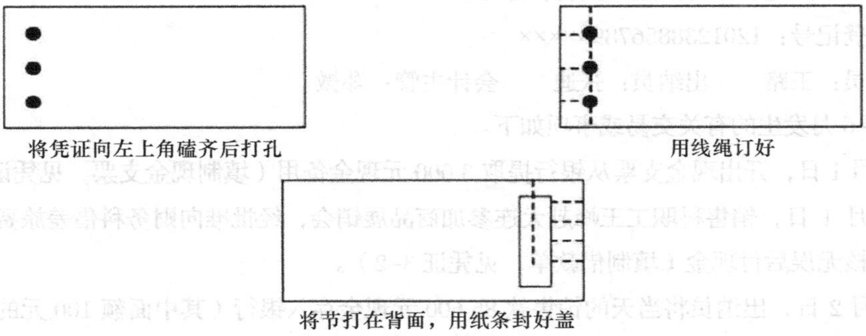

将凭证向左上角磕齐后打孔
用线绳订好
将节打在背面，用纸条封好盖

图 3-2　左侧打孔装订

（2）左上角打孔装订：分别在距左边沿、上边沿 1.5 厘米处各打 1 个孔，然后按图 3-3 所示穿线装订。

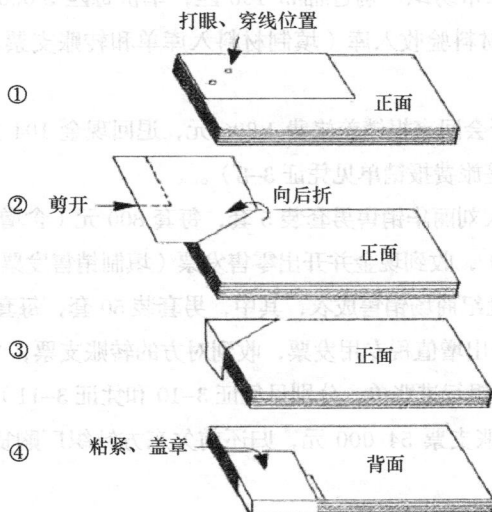

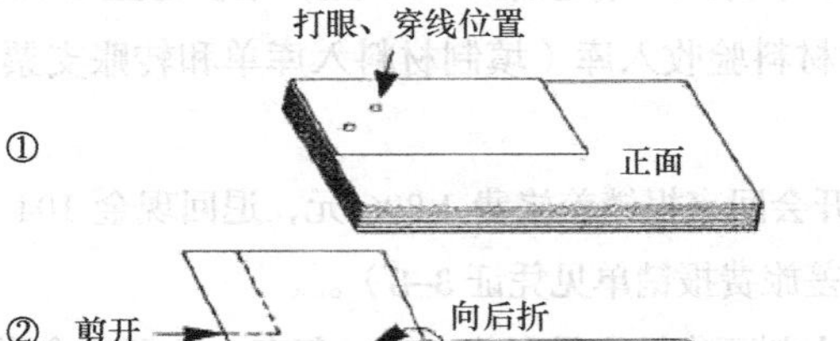

图 3-3　左上角打孔装订

一、原始凭证的填制实训

原始凭证的填制与审核

（一）实训目的

通过本实训学生能熟练掌握原始凭证的内容和原始凭证的填制技能。

（二）实训要求

根据下列资料填制原始凭证。

（三）实训资料

企业名称：辽阳大地服装公司（增值税一般纳税人）

开户行：中国建设银行民主路支行，账号：66895678

纳税人登记号：1201238856789×××××

会计人员：王路　　出纳员：张迪　　会计主管：郑微

2019 年 6 月发生的有关交易或事项如下。

（1）6 月 1 日，开出现金支票从银行提取 3 000 元现金备用（填制现金支票，见凭证 3–1）。

（2）6 月 1 日，销售科职工王峰赴大连参加商品展销会，经批准向财务科借差旅费 2 000 元，财务人员审核无误后付现金（填制借款单，见凭证 3–2）。

（3）6 月 2 日，出纳员将当天的销售款 85 600 元现金存入银行（其中面额 100 元的 700 张，面额 50 元的 300 张，面额 10 元的 60 张）（填制银行现金交款单，见凭证 3–3）。

（4）6 月 6 日，开出转账支票 50 000 元，向红星工厂预付布料款（填制转账支票，见凭证 3–4）。

（5）6 月 8 日，向辽阳市纺织厂购进棉布 100 匹，单价每匹 3 000 元，增值税税额为 39 000 元，开出转账支票付款，材料验收入库（填制材料入库单和转账支票，分别见凭证 3–5 和凭证 3–6）。

（6）6 月 9 日，王峰开会回来报销差旅费 1 896 元，退回现金 104 元，由出纳员开出收据一张（填制收据，见凭证 3–7，差旅费报销单见凭证 3–8）。

（7）6 月 10 日，向个人刘丽华销售男套装 5 套，每套 800 元（含增值税），销售男式衬衣 100 件，每件 50 元（含增值税），收到现金并开出零售发票（填制销售发票，见凭证 3–9）。

（8）6 月 12 日，向新世纪商场销售成衣，其中，男套装 50 套，每套 700 元；裙装 30 套，每套 600 元（不含增值税），开出增值税专用发票，收到对方的转账支票，当日填写银行进账单送存银行（填制增值税专用发票及银行进账单，分别见凭证 3–10 和凭证 3–11）。

（9）6 月 23 日开出转账支票 54 000 元，归还前欠东方针织厂购货款（填制转账支票，见凭证 3–12）。

二、原始凭证的审核实训

（一）实训要求

（1）审核原始凭证。以有关的法律法规、制度及计划等为依据对每一笔交易或事项所涉及的原始凭证进行审核，审查原始凭证所反映的交易或事项是否合理合法，同时审查原始凭证的内容是否完整、各项目填列是否齐全、数字计算是否正确以及大小写金额是否相符等。

（2）指出存在的问题。所提供的每一笔交易或事项所取得或填写的原始凭证中，至少有一处或多处错误或不完整，认真审核后指出其中存在的问题并提出修改意见和处理方法。

（二）实训资料

（1）2019 年 7 月 3 日，采购员王敏赴北京采购材料，填写一份借款单并经主管领导批准（审核借款单，见凭证 3-13）。

（2）2019 年 7 月 8 日，加工车间王冠领用圆钢 4 000 千克，计划单价为 10 元/千克；领用角钢 3 000 千克，计划单价为 5 元/千克（工作单号 1220，工作项目：车工），生产锁具（审核领料单，见凭证 3-14）。

（3）2019 年 7 月 9 日，销售 CG-1 产品 500 件，单价为 200 元/件；HG-2 产品 500 件，单价为 100 元，开出增值税专用发票一份，并将有关联交与东方明珠有限公司，同时收到东方明珠签发的转账支票一张，尚未送存银行（审核增值税专用发票和转账支票，分别见凭证 3-15 和凭证 3-16）。

（4）2019 年 7 月 10 日，签发现金支票一张，金额为 38 566.30 元，从银行提取现金以备发工资（审核现金支票，见凭证 3-17）。

三、记录及证明经济业务的原始凭证

凭证 3-1

中国建设银行 现金支票存根 No.33306451	中国建设银行 现金支票 No. 33306451
附加信息	出票日期（大写） 年 月 日 付款行名称：
	收款人： 出票人账号：
	本支票付款期限十天 人民币（大写） 百 十 万 千 百 十 元 角 分
出票日期 年 月 日	用途
收款人：	上列款项请从
金 额：	我账户内支付
用 途：	出票人签章 复核 记账
单位主管 会计	

凭证 3-2

借 款 单

年 月 日

部 门			借款事由		
借款金额	金额（大写）			¥	
批准金额	金额（大写）			¥	
领导		财务主管		借款人	

凭证 3-3

中国建设银行现金交款单

账别：　　　　　　　　　　　　　　　　　　年　　月　　日

交款单位		收款单位											
款项来源		账号		开户银行									
大写金额				亿	千	百	十	万	千	百	十	元	角	分
券别		合计金额		科目（贷） 对方科目（借）现金									
整把券													
零张券													

凭证 3-4

中国建设银行 转账支票存根 No.33888991	中国建设银行 转账支票　　No. 33888991
附加信息	出票日期（大写）　年　月　日　付款行名称： 收款人：　　　　出票人账号：
	本支票付款期限十天
出票日期　年　月　日	人民币（大写）　百 十 万 千 百 十 元 角 分
收款人：	用途
金　额：	上列款项请从我账户内支付
用　途：	出票人签章　　复核　　记账
单位主管　　会计	

凭证 3-5

材料入库单

供应单位：　　　　　　　　　　年　月　日

发票号：111078　　　　　　　　　　字第　　号

	材料名称	规格材质	计量单位	应收数量	实收数量	单价	金额									
							千	百	十	万	千	百	十	元	角	分
				运杂费												
				合计												
备注																

第二联记账联

仓库：　　　　会计：　　　　收料员：　　　　制单：

凭证 3-6

中国建设银行
转账支票存根
No.33888995
附加信息
出票日期　年　月　日
收款人：
金额：
用途：
单位主管　会计

中国建设银行 转账支票　　No. 33888995
出票日期（大写）　年　月　日　付款行名称：
收款人：　　　　　　出票人账号：

本支票付款期限十天

人民币（大写）	百	十	万	千	百	十	元	角	分

用途
上列款项请从
我账户内支付
出票人签章　　　　复核　　记账

凭证 3-7

此收据不得作为经营性业务收支结算凭证使用

收据

第二联

______年______月______日　　　　字　　　　No 016302

今收到 ______________________________

交来 ______________________________

人民币（大写）______________________________

¥ ______________

收款单位

公　　章 ______________

记账凭证

收款人		交款人	

凭证 3-8

差旅费报销单

部门：销售科　　　　　　　　2019 年 6 月 09 日

姓名		王峰			出差事由			大连开会			出差自 2019 年 6 月 3 日 至 2019 年 6 月 9 日			共 6 天			附单据
起讫时间及地点						车船票		夜间乘车补助费			出差乘补费			住宿费	其他		
月	日	起	月	日	讫	类别	金额	时间	标准	金额	日数	标准	金额	金额	摘要	金额	
6	3	辽阳	6	3	大连	火车	38										
6	8	大连	6	8	辽阳	火车	38				6	50	300	720		800	共
																	叁
																	张
小计							76						300	720		800	
合计金额（大写）：壹仟捌佰玖拾陆元整																	
备注：预借 2 000.00　　核销 1 896.00　　退补 104.00																	

单位领导：王宇阳　　　财务主管：郑微　　　审核：张迪　　　填报人：王峰

凭证 3-9

辽宁增值税专用发票

记账联

开票日期：　　年　　月　　日

购货单位	名　　称： 纳税人识别号： 地 址、电 话： 开户行及账号：	密码区	6+-〈2〉6〉927+296+/　加密版本：01 446〈600375〈35〉〈4/　37009931410 2-2〈2051+24+2618〈7　0445 /3-15〉〉09/5/-1〉〉〉+2

货物或应税劳务名称	规格型号	单位	数量	单价	金额	税率	税额
合　计							
价税合计（大写）				（小写）			

销货单位	名　　称： 纳税人识别号： 地 址、电 话： 开户行及账号：	备注	

收款人：　　复核：　　开票人：　　销货单位：（章）

第一联：记账联　销货方记账凭证

凭证 3-10

辽宁增值税专用发票

抵　扣　联

开票日期：　　年　　月　　日

购货单位	名　　称：新世纪商场 纳税人识别号：1550048815657××××× 地 址、电 话：辽阳市新运大街 231 号 2011456 开户行及账号：中国工商银行辽阳市分行 770186588	密码区	6+-〈2〉6〉927+296+/　加密版本：01 446〈600375〈35〉〈4/　37009931410 2-2〈2051+24+2618〈7　0445 /3-15〉〉09/5/-1〉〉〉+2

货物或应税劳务名称	规格型号	单位	数量	单价	金额	税率	税额
合　计							
价税合计（大写）				（小写）			

销货单位	名　　称： 纳税人识别号： 地 址、电 话： 开户行及账号：	备注	

收款人：　　复核：　　开票人：　　销货单位：（章）

第一联：记账联　销货方抵扣凭证

凭证 3-11

中国建设银行进账单（收账通知）

年　月　日　　　　　　　　　　　　第　　号

付款人	全称		收款人	全称	
	账号			账号	
	开户银行			开户银行	

人民币（大写）		千	百	十	万	千	百	十	元	角	分

票据种类		
票据张数		
单位主管　会计　复核　记账		收款人开户行盖章

此联是收款人开户行交给收款人收账通知

凭证 3-12

中国建设银行 转账支票存根 No.33889990	中国建设银行 转账支票　　No. 33889990
附加信息	出票日期（大写）　年　月　日　　付款行名称：
	收款人：　　　　出票人账号：
出票日期　年　月　日	本支票付款期限十天
收款人：	人民币（大写）　　百 十 万 千 百 十 元 角 分
金额：	用途
用途：	上列款项请从 我账户内支付
单位主管　会计	出票人签章　　　复核　记账

凭证 3-13

借 款 单

2019 年 7 月 03 日

部 门		供应科		借款事由：参加订货会	
借款金额（人民币大写）贰仟元整		¥：2 000.00			
批准金额（人民币大写）贰仟元整		¥：2 000.00			
领导	周伟	财务主管	王明林	借款人	王敏

凭证 3-14

辽化钢管公司领料单

领料部门：　　　　　2019 年 7 月 08 日

材料		单位	数量		计划单价	金额	过账
规格及名称			请领	实发			
圆钢		千克	4 000	4 000	10.00	4 000.00	
角钢		千克	3 000	3 000	5.00	1 500.00	
工作单号	1220	用途					
工作项目							

仓库负责人：　　　　记账：　　　　发料：王红　　　　领料：

凭证 3-15

辽宁增值税专用发票

记 账 联

开票日期：2019 年 7 月 09 日

购货单位	名　　称：东方明珠有限公司 纳税人识别号：3708662346633898×× 地 址、电 话：辽阳市民主路 16 号 6230355 开户行及账号：中国工商银行民主路支行 8040-4129	密码区	6+-〈2〉6〉927+296+/ *加密版本 01 446〈600375〈35〉〈4/ * 37009931410 2-2〈2051+24+2618〈7 07050445 /3-15〉〉09/5/-1〉〉〉+2

货物或应税劳务名称	规格型号	单位	数量	单价	金额	税率	税额
甲产品	CG-1	件	500	200.00	100 000.00	13%	13 000.00
甲产品	HG-2	件	500	100.00	50 000.00		6 500.00
合 计					￥150 000.00		￥19 500.00
价税合计（大写）	⊗ 拾陆万玖仟伍佰元整				（小写）￥169 500.00		

销货单位	名称：辽化钢管有限公司 纳税人识别号：370863786263589××× 地址、电话：辽阳市民主路 108 号 65560368 开户行及账号：中国建设银行福州路支行 560101180016	备注	

收款人：　　复核：　　开票人：　张强　　销货单位：（章）

第一联：记账联 销货方记账凭证

凭证 3-16

中国工商银行**转账支票**　　No. 33889890

出票日期（大写）贰零壹玖　年　柒　月　玖　日　　付款行名称：中国工商银行民主路支行

收款人：辽化钢管有限公司　　出票人账号：　8049-4129

人民币拾陆万玖仟伍佰元整	百	十	万	千	百	十	元	角	分
（大写）	￥	1	6	9	5	0	0	0	0

用途________　　密码栏：

上列款项请从我账户内支付　　付讫日期　　年　　月　　日

出票人签章　　复核　　记账

凭证 3-17

中国建设银行
现金支票存根
No.33889990
附加信息

出票日期 2019 年 7 月 10 日

收款人：

金　额：￥386 566.30

用　途：发工资

单位主管　　会计

中国建设银行现金支票　　No. 33889990

出票日期（大写）贰零壹玖 年 柒月 壹拾日　　付款行名称：建设银行福州路支行

收款人：烟台斯凯特钢管有限公司　　出票人账号：560101180016

本支票付款期限十天

人民币（大写）	百	十	万	千	百	十	元	角	分
叁万捌仟伍佰陆拾陆元叁角		￥	3	8	5	6	6	3	0

用途发工资

上列款项请从
我账户内支付
出票人签章　　复核　　记账

第四部分　商贸企业综合实训

实务链接

会计凭证相关附件要齐全

【案例一】某公司购进材料，在补开发票时，由于供应商已经注销，导致没法开具增值税发票，那么在此情况下若是有充分的证据链，完全可以做到税前扣除。

要想使材料成本能够进行税前扣除，需要的附件如下：

（1）对方工商注销的证明；

（2）相关业务活动的合同或者协议；

（3）采用非现金方式支付的付款凭证；

（4）货物运输的证明资料；

（5）货物入库、出库内部凭证；

（6）企业会计核算记录以及其他资料。

其中，第一项至第三项是必备资料。

【提醒】若是缺少前三项中的任何一项资料，从而致使会计凭证相关附件不齐全，将导致材料成本无法税前扣除。

【案例二】某公司 2019 年度支付职工工资 80 万元，但是由于均未申报个税，导致企业所得税没法税前扣除。

要想使企业所得税能够税前扣除，需要的附件是：工资表，而且必须是进行了全员全额个税申报后的工资表。同时注意以下内容：

1. 企业制订了较为规范的员工工资薪金制度；
2. 企业所制订的工资薪金制度符合行业及地区水平；
3. 企业在一定时期所发放的工资薪金是相对固定的，工资薪金的调整是有序进行的；
4. 企业对实际发放的工资薪金，已依法履行了代扣代缴个人所得税义务；
5. 有关工资薪金的安排，不以减少或逃避税款为目的。

一、实训目的和实训要求

（一）实训目的

本实训按照新注册商贸企业经济业务发生的时间顺序，将有关原始凭证详细地展现出来。通过该实训的模拟操作，学生能对新开办商贸企业的经济业务有一个完整的认识，对会计工作的流程有详细的了解，熟悉会计工作的起点——建账。

登记总分类账

（二）实训要求

（1）全面了解新开办商贸企业的经济业务，为企业设计应购置的账簿。

（2）根据商贸企业经济业务的特点，按照《小企业会计准则》（见本章附录1）为企业开设账户。

（3）根据经济业务的原始凭证，编制记账凭证、登记账簿、编制会计报表。

（4）根据企业的性质（小规模纳税人、辅导期一般纳税人）练习填制纳税申报表。

二、模拟企业基本情况介绍

（1）合肥益益商贸公司于 2019 年 4 月 18 日领取营业执照正、副本，其统一社会信用代码为34010000×××××××，企业注册类型为私营有限责任公司，主要经营汽车零配件、汽车护理用品，同时提供技术与咨询服务；其注册资本为 60 万元；营业地址为安徽省合肥市三里街汽配城 55 号；法人代表为刘益。

（2）该企业于 2019 年 4 月 18 日取得开户许可证，开户行为中国工商银行合肥学院路支行，其账号为 10213010210000×××××。

拓展资料

五证合一

五证合一是将营业执照、组织机构代码证、税务登记证、社会保险登记证和统计登记证合为一证。新的“五证合一”办证模式，采取“一表申请、一窗受理、并联审批、一份证照”的流程：首先，办证人持工商网报系统申请审核通过后打印的《新设企业五证合一登记申请表》，携带其他纸质资料，前往大厅多证合一窗口；窗口专人核对信息、资料无误后，将信息导入工商准入系统，生成工商注册号，并在“五证合一”打证平台生成各部门号码，补录相关信息，同时，窗口专人将企业材料扫描，连同《工商企业注册登记联办流转申请表》传递至质量技术监督局、税务局、人力资源和社会保障局、统计局五部门，由五部门分别完成后台信息录入；最后打印出载有一个证号的营业执照。办证模式的创新，大幅度缩短了办证时限，企业只需等待 2 个工作日即可办理以往至少 15 个工作日才能够办结的所有证件，办事效率得到提高。

营业执照如图 4-1 所示。

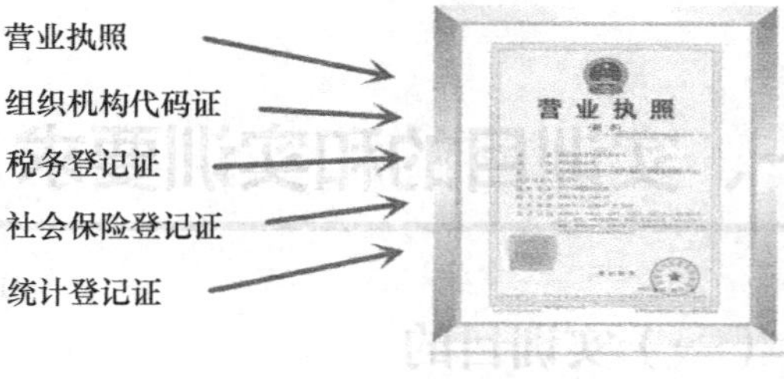

图 4-1　营业执照

三、模拟企业会计核算方法

（1）该企业执行《小企业会计准则》。

（2）小规模纳税人增值税税率为 3%，一般纳税人增值税税率为 13%，城市维护建设税税率为 7%，教育费附加征收率为 3%，地方教育费附加征收率为 2%。

四、模拟资料 1（小规模纳税人）

（一）4 月份经济业务

（1）18 日，收到开户银行转来银行进账单一张，其款项为 600 000 元（见凭证 4–1）。

（2）19 日，购买现金支票、转账支票、进账单、电汇凭证等，以银行存款支付，其凭证费及手续费为 50 元（见凭证 4–2）。

（3）19 日，开出现金支票一张，提取备用金 40 000 元（见凭证 4–3）。

（4）22 日，以现金支付企业登记费 500 元（见凭证 4–4）。

（5）23 日，转账 120 元购买发票（见凭证 4–5）。

（6）24 日，员工王元预借差旅费 10 000 元，开出现金支票一张（见凭证 4–6）。

（7）25 日，计算筹建期间应付工资费用 13 000 元（见凭证 4–7）。

（8）28 日，以电汇方式预付广州胜利汽配厂购货款 15 000 元，支付邮电费和手续费 10.50 元（见凭证 4–8 和凭证 4–9）。

（9）28 日，收到苏州启程汽车有限公司预付购货款 19 680 元（见凭证 4–10）。

（10）28 日，以转账支票 45 000 元购入汽车坐垫 100 套，汽车坐垫已入库（见凭证 4–11 和凭证 4–12）。

（11）月末，结转损益类账户。

（12）月末，结转“本年利润”账户。

（二）4 月份纳税申报（纳税零申报）

该企业 4 月份取得了税务登记证，在 5 月 1 日 ~ 15 日应进行纳税申报。

（1）适用于小规模纳税人的增值税纳税申报表（见附表 4–1）。

（2）无应纳税（费）款申报书（见附表 4–2）。

五、模拟资料 2（小规模纳税人）

（一）5 月份经济业务

（1）8 日，电汇给永发公司广告费 9 000 元，支付邮电费和手续费 5.50 元（见凭证 4–13 和凭证 4–14）。

（2）8 日，以银行存款购买发票，金额为 100 元（见凭证 4–15）。

（3）8 日，签发转账支票，委托银行支付筹建期间的工资 13 000 元（见凭证 4–16 和凭证 4–17）。

（4）13 日，向苏州启程汽车有限公司销售汽车坐垫 10 套，开出发票金额为 7 000 元，以现金支付运费 87 元（见凭证 4–18 和凭证 4–19）。

（5）16 日，收到北京安生技术公司技术服务费用 1 000 元，支票已送存银行，进账单及发票见凭证 4–20 和凭证 4–21。

（6）21 日，收到开户银行利息传票一张，利息收入 435.27 元（见凭证 4–22）。

（7）27 日，收到洛阳鸿运汽车公司预付购货款 28 800 元（见凭证 4–23）。

（8）30 日，计算本月应付工资合计 9 500 元（见凭证 4–24）。

（9）30 日，结转本月销售商品的成本。

（10）30 日，计算本月应缴的城市维护建设税、教育费附加和地方教育费附加。

（11）月末，结转损益类账户。

（12）月末，结转"本年利润"账户。

（二）5 月份纳税申报表

该企业 5 月份取得了商品销售收入和技术服务收入，所以本月份为有税申报，所应交税费应在下月 15 日之前缴纳。

（1）适用于小规模纳税人的增值税纳税申报表（见附表 4–1）。

（2）安徽省合肥市税务局综合纳税申报表（见附表 4–3），电子缴库专用缴款书（见附表 4–4），中华人民共和国企业所得税月（季）度预缴纳申报表（见附表 4–5）。

六、模拟资料 3（辅导期一般纳税人）

（一）6 月份经济业务

（1）2 日，以银行存款缴纳上月份的应交增值税、城市维护建设税、教育费附加和地方教育费附加，合计 260.97 元（见凭证 4–25 和凭证 4–26）。

（2）5 日，签发转账支票，委托银行支付 5 月份的工资 9 500 元（见凭证 4–27 和凭证 4–28）。

（3）5 日，广州胜利汽配厂发来汽车香水一批，已验收入库，增值税发票一并收到，价税合计 10 000 元（见凭证 4–29）。

（4）8 日，销售给苏州启程汽车有限公司汽车香水一批，增值税发票价税合计 12 680 元（见凭证 4–30）。

（5）30 日，计算本期应缴纳的城市维护建设税、教育费附加和地方教育费附加。

（6）30 日，计算并结转销售商品的成本。

（7）30 日，结转损益类账户。

（8）30 日，结转"本年利润"账户。

（二）6 月份纳税申报表

6 月份纳税申报，主要包括：增值税一般纳税人的增值税纳税申报表（见附表 4–6），增值税纳税申报表附列资料（表一）（见表 4–7），增值税纳税申报表附列资料（表二）（见附表 4–8），固定资产进项税额抵扣情况表（见附表 4–9）。安徽省合肥市地方税务局综合纳税申报表（见附表 4–3），电子缴库专用缴款书（见附表 4–4），中华人民共和国企业所得税月（季）度预缴纳申报表（见附表 4–5）。

（三）辅导期一般纳税人的税务管理

2010 年 2 月 10 日，国家税务总局颁布了《增值税一般纳税人资格认定管理办法》（国家税务总局令第 22 号），2010 年 4 月 7 日，国家税务总局又下发了《增值税一般纳税人纳税辅导期管理办法》（国税发〔2010〕40 号，以下简称《办法》）明确新办小型商贸批发企业及国家税务总局规定的其他一般纳税人应当在一定时期内实行纳税辅导期管理（以下简称"辅导期"）。

1．辅导期一般纳税人的范围

纳入辅导期管理的增值税一般纳税人主要有两类：一是新认定的小型商贸批发企业一般纳税人，即注册资金在 80 万元（含 80 万元）以下、职工人数在 10 人（含 10 人）以下的商品批发业，但只从事出口贸易，不需要使用增值税专用发票的企业除外；二是国家税务总局规定的其他一般纳税人，具体指具有增值税偷税数额占应纳税额的 10%以上并且偷税数额在 10 万元以上或者骗取出口退税、虚开增值税扣税凭证或国家税务总局规定其他情形之一的一般纳税人。《办法》规定，新认定为一般纳税人的小型商贸批发企业实行纳税辅导期管理期限为 3 个月；其他一般纳税人实行纳税辅导期管理期限为 6 个月。

根据上述规定，结合合肥益益商贸公司的情况，可见该企业属于第一类情况，需要接受为期三个月的纳税辅导期管理。

2．辅导期纳税人的专用发票管理

对辅导期一般纳税人实行限额限量发售专用发票制度。

（1）小型商贸批发企业辅导期一般纳税人只能领购、使用最高开票限额不超过十万元版的专用发票；其他辅导期一般纳税人可根据实际经营情况申请领购相适限额的专用发票。

（2）辅导期纳税人每次专用发票领购量限定不能超过 25 份，再次领购时其领购份数不能超过核定每次领购份数与结存未使用空白专用发票份数的差额数。例如，某辅导期一般纳税人现有库存空白专用发票 3 份，限购量每次 15 份，则在购票时只能领购 12 份。

（3）辅导期纳税人在一个月内需要多次领购专用发票时，从第二次领购专用发票起，按照上一次已领购并开具专用发票销售额的 3%预缴增值税，但预缴的税款可在本期申报应缴纳增值税税额中抵减，抵减后仍有余额的，可抵减下月再次领购专用发票时应当预缴的增值税税额，纳税辅导期结束后，因增购专用发票发生的预缴增值税有余额的，由主管税务机关在纳税辅导期结束后的第一个月内退还。

3．辅导期纳税人增值税的会计处理

（1）辅导期纳税人取得的增值税专用发票抵扣联、海关进口增值税专用缴款书以及运输费用结算单据应在交叉稽核比对无误后方可申报抵扣进项税额。

（2）辅导期一般纳税人应当在“应交税费”科目下增设“待抵扣进项税额”明细科目，核算尚未交叉稽核比对的专用发票抵扣联、海关进口增值税专用缴款书以及运输费用结算单据（以下简称“增值税抵扣凭证”）上注明或者计算的进项税额。

取得增值税抵扣凭证时，将支付或计算提取的增值税进项税额记入“应交税费——待抵扣进项税额”明细科目借方，交叉稽核比对无误后按会计核算的要求同时记入“应交税费——应交增值税（进项税额）”科目借方和“应交税费——待抵扣进项税额”科目贷方。经交叉稽核比对不符的增值税抵扣凭证用红字冲销“应交税费——待抵扣进项税额”借方和相关资产或成本费用科目贷方相应的当期发生额。

（四）6 月份纳税申报表注释

1.《增值税纳税申报表（适用于增值税一般纳税人）》填表说明（见图 4-2～图 4-9）

本申报表适用于增值税一般纳税人填报。增值税一般纳税人销售按简易办法缴纳增值税的货物，也使用本表。

“税款所属时间”指纳税人申报的增值税应纳税额的所属时间，应填写具体的起止年、月、日

“填表日期”指纳税人填写本表的具体日期

“所属行业”栏，按照国民经济行业分类与代码中的最细项（小类）进行填写（实务中，软件系统中已列示行业分类，大家可结合企业经营特点，进行勾选）

增值税纳税申报表
（适用于增值税一般纳税人）

根据《中华人民共和国增值税暂行条例》第二十二条和第二十三条的规定制定本表。纳税人不论有无销售额，均应按主管税务机关核定的纳税期限按期填报本表，并于次月一日起十五日内，向当地税务机关申报。

税款所属时间：自　年　月　日至　年　月　日　　填表日期：　年　月　日　　金额单位：元至角分

纳税人识别号				所属行业：			
纳税人名称	（公章）	法定代表人姓名		注册地址		营业地址	
开户银行及账号		企业登记注册类型				电话号码	

“纳税人识别号”栏，填写税务机关为纳税人确定的识别号，即税务登记证号码

“纳税人名称”栏，填写纳税人单位名称全称，不得填写简称

“法定代表人姓名”栏，填写纳税人法定代表人的姓名

“注册地址”栏，填写纳税人税务登记证所注明的详细地址

“营业地址”栏，填写纳税人营业地的详细地址

“开户银行及账号”栏，填写纳税人开户银行的名称和纳税人在该银行的结算账户号码

“企业登记注册类型”栏，按税务登记证填写

“电话号码”栏，填写纳税人注册地和经营地的电话号码

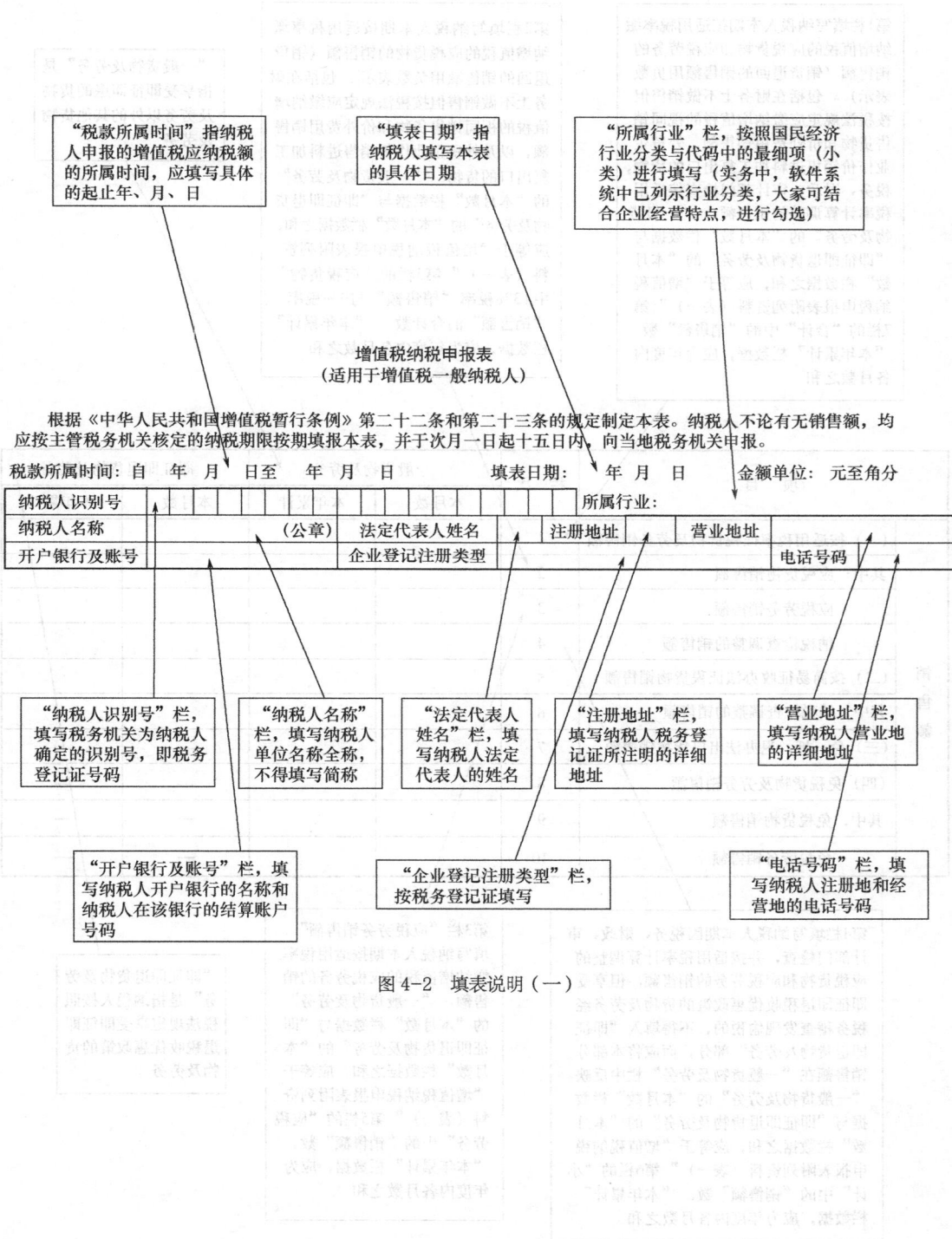

图 4-2　填表说明（一）

第1栏填写纳税人本期按适用税率缴纳增值税的应税货物和应税劳务的销售额（销货退回的销售额用负数表示）。包括在财务上不做销售但按税法规定应缴纳增值税的视同销售货物和价外费用销售额，外贸企业作价销售进料加工复出口的货物，税务、财政、审计部门检查按适用税率计算调整的销售额。“一般货物及劳务”的“本月数”栏数据与“即征即退货物及劳务”的“本月数”栏数据之和，应等于“增值税纳税申报表附列资料（表一）”第7栏的“合计”中的“销售额”数。“本年累计”栏数据，应为年度内各月数之和

第2栏填写纳税人本期按适用税率缴纳增值税的应税货物的销售额（销货退回的销售额用负数表示）。包括在财务上不做销售但按税法规定应缴纳增值税的视同销售货物和价外费用销售额，以及外贸企业作价销售进料加工复出口的货物。“一般货物及劳务”的“本月数”栏数据与“即征即退货物及劳务”的“本月数”栏数据之和，应等于“增值税纳税申报表附列资料（表一）”第5栏的“应税货物”中13%税率“销售额”与9%税率“销售额”的合计数。“本年累计”栏数据，应为年度内各月数之和

“一般货物及劳务”是指享受即征即退的货物及劳务以外的其他货物及劳务

项　目		栏　次	一般货物及劳务		即征即退货物及劳务	
			本月数	本年累计	本月数	本年累计
销售额	（一）按适用税率征税货物及劳务销售额	1				
	其中：应税货物销售额	2				
	应税劳务销售额	3				
	纳税检查调整的销售额	4				
	（二）按简易征收办法征税货物销售额	5				
	其中：纳税检查调整的销售额	6				
	（三）免、抵、退办法出口货物销售额	7			—	—
	（四）免税货物及劳务销售额	8			—	—
	其中：免税货物销售额	9			—	—
	免税劳务销售额	10			—	—

第4栏填写纳税人本期因税务、财政、审计部门检查，并按适用税率计算调整的应税货物和应税劳务的销售额。但享受即征即退税收优惠政策的货物及劳务经税务稽查发现偷税的，不得填入“即征即退货物及劳务”部分，而应将本部分销售额在“一般货物及劳务”栏中反映。“一般货物及劳务”的“本月数”栏数据与“即征即退货物及劳务”的“本月数”栏数据之和，应等于“增值税纳税申报表附列资料（表一）”第6栏的“小计”中的“销售额”数。“本年累计”栏数据，应为年度内各月数之和

第3栏“应税劳务销售额”，填写纳税人本期按适用税率缴纳增值税的应税劳务的销售额。“一般货物及劳务”的“本月数”栏数据与“即征即退货物及劳务”的“本月数”栏数据之和，应等于“增值税纳税申报表附列资料（表一）”第5栏的“应税劳务”中的“销售额”数。“本年累计”栏数据，应为年度内各月数之和

“即征即退货物及劳务”是指纳税人按照税法规定享受即征即退税收优惠政策的货物及劳务

图4-3　填表说明（二）

第5栏填写纳税人本期按简易征收办法征收增值税货物的销售额（销货退回的销售额用负数表示）。包括税务、财政、审计部门检查，并按简易征收办法计算调整的销售额。“一般货物及劳务”的“本月数”栏数据与“即征即退货物及劳务”的“本月数”栏数据之和，应等于“增值税纳税申报表附列资料（表一）”第14栏的“小计”中的“销售额”数。“本年累计”栏数据，应为年度内各月数之和

第6栏填写纳税人本期因税务、财政、审计部门检查，并按简易征收办法计算调整的销售额，但享受即征即退税收优惠政策的货物及劳务经税务稽查发现偷税的，不得填入“即征即退货物及劳务”部分，而应将本部分销售额在“一般货物及劳务”栏中反映。“一般货物及劳务”的“本月数”栏数据与“即征即退货物及劳务”的“本月数”栏数据之和，应等于“增值税纳税申报表附列资料（表一）”第13栏的“小计”中的“销售额”数。“本年累计”栏数据，应为年度内各月数之和

第7栏填写纳税人本期执行免、抵、退办法出口货物的销售额（销货退回的销售额用负数表示）。“本年累计”栏数据，应为年度内各月数之和

项目		栏次	一般货物及劳务		即征即退货物及劳务	
			本月数	本年累计	本月数	本年累计
销售额	（一）按适用税率征税货物及劳务销售额	1				
	其中：应税货物销售额	2				
	应税劳务销售额	3				
	纳税检查调整的销售额	4				
	（二）按简易征收办法征税货物销售额	5				
	其中：纳税检查调整的销售额	6				
	（三）免、抵、退办法出口货物销售额	7			—	—
	（四）免税货物及劳务销售额	8			—	—
	其中：免税货物销售额	9			—	—
	免税劳务销售额	10			—	—

第8栏填写纳税人本期按照税法规定直接免征增值税的货物及劳务的销售额及适用零税率的货物及劳务的销售额（销货退回的销售额用负数表示），但不包括适用免、抵、退办法出口货物的销售额。“一般货物及劳务”的“本月数”栏数据，应等于“增值税纳税申报表附列资料（表一）”第18栏的“小计”中的“销售额”数。“本年累计”栏数据，应为年度内各月数之和

第9栏填写纳税人本期按照税法规定直接免征增值税货物的销售额及适用零税率货物的销售额（销货退回的销售额用负数表示），但不包括适用免、抵、退办法出口货物的销售额。“一般货物及劳务”的“本月数”栏数据，应等于“增值税纳税申报表附列资料（表一）”第18栏的“免税货物”中的“销售额”数。“本年累计”栏数据，应为年度内各月数之和

第10栏填写纳税人本期按照税法规定直接免征增值税劳务的销售额及适用零税率劳务的销售额（销货退回的销售额用负数表示）。“一般货物及劳务”的“本月数”栏数据，应等于“增值税纳税申报表附列资料（表一）”第18栏的“免税劳务”中的“销售额”数。“本年累计”栏数据，应为年度内各月数之和

图 4-4　填表说明（三）

第11栏填写纳税人本期按适用税率计征的销项税额。该数据应与“应交税费—应交增值税”明细科目贷方“销项税额”专栏本期发生数一致。“一般货物及劳务”的“本月数”栏数据与“即征即退货物及劳务”的“本月数”栏数据之和，应等于“增值税纳税申报表附列资料（表一）”第7栏的“小计”中的“销项税额”数。“本年累计”栏数据，应为年度内各月数之和

第12栏填写纳税人本期申报抵扣的进项税额。该数据应与“应交税费——应交增值税”明细科目借方“进项税额”专栏本期发生数一致。“一般货物及劳务”的“本月数”栏数据与“即征即退货物及劳务”的“本月数”栏数据之和，应等于“增值税纳税申报表附列资料（表二）第12栏中的“税额”数。“本年累计”栏数据，应为年度内各月数之和

项目		栏次	一般货物及劳务		即征即退货物及劳务	
			本月数	本年累计	本月数	本年累计
税款计算	销项税额	11				
	进项税额	12				
	上期留抵税额	13		—		—
	进项税额转出	14				
	免抵退货物应退税额	15				
	按适用税率计算的纳税检查应补缴税额	16				
	应抵扣税额合计	17=12+13-14-15+16				
	实际抵扣税额	18（如17<11，则为17，否则为11）				
	应纳税额	19=11-18				
	期末留抵税额	20=17-18				
	简易征收办法计算的应纳税额	21				
	按简易征收办法计算的纳税检查应补缴税额	22				
	应纳税额减征额	23				
	应纳税额合计	24=19+21-23				

第13栏为纳税人前一申报期的“期末留抵税额”数，该数据应与“应交税费——应交增值税”明细科目借方月初余额一致

第14栏填写纳税人已经抵扣但按税法规定应做进项税转出的进项税额总数，但不包括销售折扣、折让，销货退回等应负数冲减当期进项税额的数额。该数据应与“应交税费—应交增值税”明细科目贷方“进项税额转出”专栏本期发生数一致。“一般货物及劳务”的“本月数”栏数据与“即征即退货物及劳务”的“本月数”栏数据之和，应等于“增值税纳税申报表附列资料（表二）”第13栏中的“税额”数。“本年累计”栏数据，应为年度内各月数之和

图4-5　填表说明（四）

第15栏填写退税机关按照出口货物免、抵、退办法审批的应退税额。“本年累计”栏数据，应为年度内各月数之和

第16栏填写税务、财政、审计部门检查按适用税率计算的纳税检查应补缴税额。“本年累计”栏数据，应为年度内各月数之和

第17栏填写纳税人本期应抵扣进项税额的合计数

项　目		栏　次	一般货物及劳务		即征即退货物及劳务	
			本月数	本年累计	本月数	本年累计
税款计算	销项税额	11				
	进项税额	12				
	上期留抵税额	13		—		—
	进项税额转出	14				
	免抵退货物应退税额	15			—	—
	按适用税率计算的纳税检查应补缴税额	16			—	—
	应抵扣税额合计	17=12+13−14−15+16		—		—
	实际抵扣税额	18（如17<11，则为17，否则为11）				
	应纳税额	19=11−18				
	期末留抵税额	20=17−18		—		—
	简易征收办法计算的应纳税额	21				
	按简易征收办法计算的纳税检查应补缴税额	22			—	—
	应纳税额减征额	23				
	应纳税额合计	24=19+21−23				

第18栏填写纳税人本期实际抵扣的进项税额。“本年累计”栏数据，应为年度内各月数之和

第19栏填写纳税人本期按适用税率计算并应缴纳的增值税额。“本年累计”栏数据，应为年度内各月数之和

第20栏“期末留抵税额”，为纳税人在本期销项税额中尚未抵扣完，留待下期继续抵扣的进项税额。该数据应与“应交税费——应交增值税”明细科目借方月末余额一致

图 4-6　填表说明（五）

第21栏填写纳税人本期按简易征收办法计算并应缴纳的增值税税额，但不包括按简易征收办法计算的纳税检查应补缴税额。“一般货物及劳务”的“本月数”栏数据与“即征即退货物及劳务”的“本月数”栏数据之和，应等于“增值税纳税申报表附列资料（表一）”第12栏的“小计”中的“应纳税额”数。“本年累计”栏数据，应为年度内各月数之和

第23栏“应纳税额减征额”填写纳税人本期按照税法规定减征的增值税应纳税额。“本年累计”栏数据，应为年度内各月数之和

项　目		栏　次	一般货物及劳务		即征即退货物及劳务	
			本月数	本年累计	本月数	本年累计
税款计算	销项税额	11				
	进项税额	12				
	上期留抵税额	13		—		—
	进项税额转出	14				
	免抵退货物应退税额	15				
	按适用税率计算的纳税检查应补缴税额	16				
	应抵扣税额合计	17=12+13−14−15+16				
	实际抵扣税额	18（如17<11，则为17，否则为11）				
	应纳税额	19=11−18				
	期末留抵税额	20=17−18		—		
	简易征收办法计算的应纳税额	21				
	按简易征收办法计算的纳税检查应补缴税额	22				
	应纳税额减征额	23				
	应纳税额合计	24=19+21−23				

第22栏“按简易征收办法计算的纳税检查应补缴税额”，填写纳税人本期因税务、财政、审计部门检查，并按简易征收办法计算的纳税检查应补缴税额。“一般货物及劳务”的“本月数”栏数据与“即征即退货物及劳务”的“本月数”栏数据之和，应等于“增值税纳税申报表附列资料（表一）”第13栏的“小计”中的“应纳税额”数。“本年累计”栏数据，应为年度内各月数之和

第24栏“应纳税额合计”，填写纳税人本期应缴增值税的合计数。“本年累计”栏数据，应为年度内各月数之和

图 4-7　填表说明（六）

第25栏为纳税人前一申报期的“期末未缴税额（多缴为负数）”

第26栏填写纳税人本期实际收到税务机关退回的，因开具《出口货物税收专用缴款书》而多缴的增值税税款。该数据应根据“应交税费——未交增值税”明细科目贷方本期发生额中“收到税务机关退回的多缴增值税税款”数据填列。“本年累计” 栏数据，为年度内各月数之和

第27栏是指纳税人本期实际缴纳的增值税税额，但不包括本期入库的查补税款。“本年累计”栏数据，为年度内各月数之和

<table>
<tr><td colspan="2" rowspan="2">项　目</td><td rowspan="2">栏　次</td><td colspan="2">一般货物及劳务</td><td colspan="2">即征即退货物及劳务</td></tr>
<tr><td>本月数</td><td>本年累计</td><td>本月数</td><td>本年累计</td></tr>
<tr><td rowspan="14">税款缴纳</td><td>期初未缴税额（多缴为负数）</td><td>25</td><td></td><td></td><td></td><td></td></tr>
<tr><td>实收出口开具专用缴款书退税额</td><td>26</td><td></td><td></td><td>—</td><td>—</td></tr>
<tr><td>本期已缴税额</td><td>27=28+29+30+31</td><td></td><td></td><td></td><td></td></tr>
<tr><td>①分次预缴税额</td><td>28</td><td></td><td>—</td><td></td><td>—</td></tr>
<tr><td>②出口开具专用缴款书预缴税额</td><td>29</td><td></td><td>—</td><td>—</td><td>—</td></tr>
<tr><td>③本期缴纳上期应纳税额</td><td>30</td><td></td><td></td><td></td><td></td></tr>
<tr><td>④本期缴纳欠缴税额</td><td>31</td><td></td><td></td><td></td><td></td></tr>
<tr><td>期末未缴税额（多缴为负数）</td><td>32=24+25+26−27</td><td></td><td></td><td></td><td></td></tr>
<tr><td>期中：欠缴税额（≥0）</td><td>33=25+26−27</td><td></td><td>—</td><td></td><td>—</td></tr>
<tr><td>本期应补（退）税额</td><td>34=24−28−29</td><td></td><td>—</td><td></td><td>—</td></tr>
<tr><td>即征即退实际退税额</td><td>35</td><td>—</td><td>—</td><td></td><td></td></tr>
<tr><td>期初未缴查补税额</td><td>36</td><td></td><td></td><td>—</td><td>—</td></tr>
<tr><td>本期入库查补税额</td><td>37</td><td></td><td></td><td>—</td><td>—</td></tr>
<tr><td>期末未缴查补税额</td><td>38=16+22+36−37</td><td></td><td></td><td>—</td><td>—</td></tr>
</table>

第28栏填写纳税人本期分次预缴的增值税税额

第29栏填写纳税人本期销售出口货物而开具专用缴款书向主管税务机关预缴的增值税税额

第30栏填写纳税人本期上缴的上期应缴未缴的增值税税款，包括缴纳上期按简易征收办法计提的应缴未缴的增值税税额。“本年累计”栏数据，为年度内各月数之和

第31栏“④本期缴纳欠缴税额”填写纳税人本期实际缴纳的增值税欠缴税额，但不包括缴纳入库的查补增值税税额。“本年累计”栏数据，为年度内各月数之和

图4-8　填表说明（七）

第32栏填写纳税人本期期末应缴未缴的增值税税额，但不包括纳税检查应缴未缴的税额。“本年累计”栏与“本月数”栏数据相同

第33栏填写纳税人按照税法的规定已形成欠税的数额

第34栏填写纳税人本期应纳税额中应补缴或应退回的数额

第35栏填写纳税人本期因符合增值税即征即退优惠政策规定，而实际收到的税务机关返还的增值税税额。“本年累计”栏数据，为年度内各月数之和

项目		栏次	一般货物及劳务		即征即退货物及劳务	
			本月数	本年累计	本月数	本年累计
税款缴纳	期初未缴税额（多缴为负数）	25				
	实收出口开具专用缴款书退税额	26				
	本期已缴税额	27=28+29+30+31				
	①分次预缴税额	28		—		
	②出口开具专用缴款书预缴税额	29		—		
	③本期缴纳上期应纳税额	30				
	④本期缴纳欠缴税额	31				
	期末未缴税额（多缴为负数）	32=24+25+26−27				
	期中：欠缴税额（≥0）	33=25+26−27		—		
	本期应补（退）税额	34=24−28−29		—		
	即征即退实际退税额	35	—	—		
	期初未缴查补税额	36				
	本期入库查补税额	37				
	期末未缴查补税额	38=16+22+36−37				

第36栏为纳税人前一申报期的“期末未缴查补税额”。该数据与本表第25项“期初未缴税额（多缴为负数）”栏数据之和，应与“应交税费——未交增值税”明细科目期初余额一致。“本年累计”栏数据应填写纳税人上年度末的“期末未缴查补税额”数

第37栏填写纳税人本期因税务、财政、审计部门检查而实际入库的增值税税款，包括：1. 按适用税率计算并实际缴纳的查补增值税税款；2. 按简易征收办法计算并实际缴纳的查补增值税税款。“本年累计”栏数据，为年度内各月数之和

第38栏为纳税人纳税检查本期期末应缴未缴的增值税税额。该数据与本表第32项“期末未缴税额（多缴为负数）”栏数据之和，应与“应交税费——未交增值税”明细科目期初余额一致。“本年累计”栏与“本月数“栏数据相同

图 4-9 填表说明（八）

2. “增值税纳税申报表附列资料（表一）”填表说明（见图 4-10~图 4-13）

“纳税人名称”栏，应加盖纳税人单位公章

“税款所属时间”是指纳税人申报的增值税应纳税额的所属时间，应填写具体的起止年、月，与“增值税纳税申报表（适用于增值税一般纳税人）”的“税款所属时间”一致

“填表日期”指纳税人填写本表的具体日期

增值税纳税申报表附列资料（表一）

（本期销售情况明细）

税款所属时间：　年　月

纳税人名称：(公章)　　　　填表日期：　年　月　日　　　　金额单位：　元至角分

一、按适用税率征收增值税货物及劳务的销售额和销项税额明细														
项　目	栏　次	应税货物						应税劳务			小　计		
		13%税率			9%税率								
		份数	销售额	销项税额	份数	销售额	销项税额	份数	销售额	销项税额	份数	销售额	销项税额
防伪税控系统开具的增值税专用发票	1												
非防伪税控系统开具的增值税专用发票	2	—	—	—	—	—	—	—	—	—	—	—	—
开具普通发票	3												
未开具发票	4	—			—			—			—		
小计	5=1+2+3+4	—			—			—			—		
纳税检查调整	6	—			—			—			—		
合计	7=5+6	—			—			—			—		

第2栏不填写

第1栏填写税款所属期内适用税率征收增值税货物及劳务，通过防伪税控开票子系统开具的增值税专用发票情况和通过机动车销售统一发票税控系统开具的机动车销售统一发票情况。包括销货退回或折让、视同销售货物、价外费用的销售额和销项税额，但不包括免税货物及劳务的销售额，适用零税率货物及劳务的销售额和出口执行免、抵、退办法的销售额以及税务、财政、审计部门检查并调整的销售额、销项税额。在应税货物的13%税率栏、应税货物的9%税率栏、应税劳务栏分别填列。小计栏的数据应等于上述三栏数据的和，且应等于税款所属期内防伪税控开票子系统按照税率开具的增值税专用发票和机动车销售统一发票税控系统按照税率开具发票份数（包括作废、红字发票份数）、销售额、销项税额的合计

图 4-10　填表说明（一）

第3栏填写税款所属期内适用税率征收增值税货物及劳务，通过防伪税控开票子系统开具的增值税普通发票情况和其他增值税普通发票（如商业企业专用发票、工业企业专用发票、非税控系统开具的机动车销售统一发票等需要缴纳增值税的普通发票)情况。包括销货退回或折让、视同销售货物、价外费用的销售额和销项税额，但不包括免税货物及劳务的销售额，适用零税率货物及劳务的销售额和出口执行免、抵、退办法的销售额以及税务、财政、审计部门检查并调整的销售额、销项税额。在应税货物的13%税率栏、应税货物的9%税率栏、应税劳务栏分别填列。小计栏的数据应等于上述三栏数据的和，且应等于税款所属期内防伪税控开票子系统按照税率开具的增值税普通发票和适用税率缴纳税款的其他增值税普通发票发票份数（包括作废、红字发票份数）、销售额、销项税额的合计

增值税纳税申报表附列资料（表一）
（本期销售情况明细）

税款所属时间： 年 月

纳税人名称：(公章)　　填表日期： 年 月 日　　金额单位： 元至角分

一、按适用税率征收增值税货物及劳务的销售额和销项税额明细													
项 目	栏 次	应税货物						应税劳务			小 计		
		13%税率			9%税率								
		份数	销售额	销项税额	份数	销售额	销项税额	份数	销售额	销项税额	份数	销售额	销项税额
防伪税控系统开具的增值税专用发票	1												
非防伪税控系统开具的增值税专用发票	2	—	—	—	—	—	—	—	—	—	—	—	—
开具普通发票	3												
未开具发票	4	—			—			—			—		
小计	5=1+2+3+4	—			—			—			—		
纳税检查调整	6	—			—			—			—		
合计	7=5+6	—			—			—			—		

第4栏填写税款所属期内未开具任何发票，按适用税率征收增值税货物及劳务的情况。包括销货退回或折让、视同销售货物、价外费用的销售额和销项税额，但不包括免税货物及劳务的销售额，适用零税率货物及劳务的销售额和出口执行免、抵、退办法的销售额以及税务、财政、审计部门检查并调整的销售额、销项税额。在应税货物的13%税率栏、应税货物的9%税率栏、应税劳务栏分别填列。小计栏数据应等于上述三栏数据的和

第6栏填写纳税人本期因税务、财政、审计部门检查，并按适用税率计算调整的应税货物和应税劳务销售额、销项税额情况。在应税货物的13%税率栏、应税货物的9%税率栏、应税劳务栏分别填列。小计栏数据应等于上述三栏数据的和

图 4-11 填表说明（二）

第8栏填写税款所属期内适用简易征收办法征收增值税货物，通过防伪税控开票子系统开具的增值税专用发票情况和通过机动车销售统一发票税控系统开具的机动车销售统一发票情况。包括销货退回或折让、视同销售货物、价外费用的销售额和销项税额，但不包括免税货物及劳务的销售额，适用零税率货物及劳务的销售额和出口执行免、抵、退办法的销售额以及税务、财政、审计部门检查并调整的销售额、销项税额。在5%征收率栏、3%征收率栏分别填列。小计栏数据应等于上述两栏数据的和，且应等于税款所属期内防伪税控开票子系统按照征收率开具的增值税专用发票和机动车销售统一发票税控系统按照征收率开具发票份数（包括作废、红字发票份数）、销售额、应纳税额的合计

第13栏“纳税检查调整”，填写纳税人本期因税务、财政、审计部门检查、并按适用简易征收办法计算调整的应税货物和应税劳务销售额、应纳税额情况。在5%征收率栏、3%征收率栏分别填列。小计栏应等于上述两栏数据的和

第9栏不填写

二、简易征收办法征收增值税货物的销售额和应纳税额明细

项目	栏次	5%征收率			3%征收率			小计		
		份数	销售额	应纳税额	份数	销售额	应纳税额	份数	销售额	应纳税额
防伪税控系统开具的增值税专用发票	8									
非防伪税控系统开具的增值税专用发票	9	—	—	—	—	—	—	—	—	—
开具普通发票	10									
未开具发票	11	—			—			—		
小计	12=8+9+10+11	—			—			—		
纳税检查调整	13	—			—			—		
合计	14=12+13	—			—			—		

第10栏填写税款所属期内适用简易征收办法征收增值税货物，通过防伪税控开票子系统开具的增值税普通发票情况和其他增值税普通发票（如商业企业专用发票、工业企业专用发票、非税控系统开具的机动车销售统一发票等需要缴纳增值税的普通发票）情况。包括销货退回或折让、视同销售货物、价外费用的销售额和销项税额，但不包括免税货物及劳务的销售额，适用零税率货物及劳务的销售额和出口执行免、抵、退办法的销售额以及税务、财政、审计部门检查并调整的销售额、销项税额。在5%征收率栏、3%征收率栏分别填列。小计栏数据应等于上述两栏数据的和，且应等于税款所属期内防伪税控开票子系统按照征收率开具的增值税普通发票和适用简易征收办法缴纳税款的其他增值税普通发票发票份数（包括作废、红字发票份数）、销售额、应纳税额的合计

第11栏“未开具发票”，填写税款所属期内未开具任何发票，按适用简易征收办法征收增值税货物的情况。包括销货退回或折让、视同销售货物、价外费用的销售额和销项税额，但不包括免税货物及劳务的销售额，适用零税率货物及劳务的销售额和出口执行免、抵、退办法的销售额以及税务、财政、审计部门检查并调整的销售额、销项税额。在5%征收率栏、3%征收率栏分别填列。小计栏数据应等于上述两栏数据的和

图 4-12　填表说明（三）

第15栏填写本期因销售免税货物而使用防伪税控系统开具的增值税专用发票的份数、销售额和税额。包括销货退回或折让、视同销售货物、价外费用的销售额以及税务、财政、审计部门检查并调整的销售额。小计栏数据应等于免税货物栏数据

第16栏填写税款所属期内适用免征增值税的货物、劳务，通过防伪税控开票子系统开具的增值税普通发票情况和其他增值税普通发票（如商业企业专用发票、工业企业专用发票等）情况。包括销货退回或折让、视同销售货物、价外费用的销售额以及税务、财政、审计部门检查并调整的销售额。在免税货物栏、免税劳务栏分别填列。小计栏数据应等于上述两栏数据的和，且应等于税款所属期内防伪税控开票子系统按照零税率开具的增值税普通发票和适用免征增值税政策的其他增值税普通发票份数（包括作废、红字发票份数）、销售额的合计

三、免征增值税货物及劳务销售额明细

项目	栏次	免税货物			免税劳务			小计		
		份数	销售额	税额	份数	销售额	税额	份数	销售额	税额
防伪税控系统开具的增值税专用发票	15				—	—	—			
开具普通发票	16			—			—			—
未开具发票	17	—		—	—		—	—		—
合计	18=15+16+17	—			—		—	—		

第17栏填写税款所属期内未开具任何发票，按适用办法免征增值税货物的情况。包括销货退回或折让、视同销售货物、价外费用的销售额以及税务、财政、审计部门检查并调整的销售额。在免税货物栏、免税劳务栏分别填列。小计栏数据应等于上述两栏数据的和

图4-13 填表说明（四）

3.“增值税纳税申报表附列资料（表二）”填表说明（见图 4-14～图 4-20）

“纳税人名称”栏，应加盖纳税人单位公章

“本期进项税额明细”均包括固定资产进项税额

“税款所属时间”是指纳税人申报的增值税应纳税额的所属时间，应填写具体的起止年、月，与“增值税纳税申报表（适用于增值税一般纳税人）的“税款所属时间”一致

“填表日期”指纳税人填写本表的具体日期

增值税纳税申报表附列资料（表二）

（本期进项税额明细）

税款所属时间：　　年　月

纳税人名称：（公章）　　　　填表日期：　　年　　月　　日　　　　金额单位：　元至角分

一、申报抵扣的进项税额				
项　　目	栏次	份数	金额	税额
（一）认证相符的防伪税控增值税专用发票	1			
其中：本期认证相符且本期申报抵扣	2			
前期认证相符且本期申报抵扣	3			
（二）非防伪税控增值税专用发票及其他扣税凭证	4			
其中：海关进口增值税专用缴款书	5			
农产品收购发票或者销售发票	6			
废旧物资发票	7			
运输费用结算单据	8			
5%征收率	9	—	—	
3%征收率	10	—	—	—
（三）外贸企业进项税额抵扣证明	11	—	—	
当期申报抵扣进项税额合计	12			

第1栏填写按税法的规定符合抵扣条件，本期申报抵扣的认证相符的防伪税控增值税专用发票和防伪税控机动车销售统一发票情况，包括认证相符的红字防伪税控增值税专用发票和红字防伪税控机动车销售统一发票，应等于第2栏“本期认证相符且本期申报抵扣”与第3栏“前期认证相符且本期申报抵扣”数据之和

第2栏填写按税法的规定符合抵扣条件,本期认证相符本期申报抵扣的防伪税控增值税专用发票和防伪税控机动车销售统一发票情况，应与第35栏“本期认证相符的全部防伪税控增值税专用发票”减第24栏“本期认证相符且本期未申报抵扣”后的数据相等

图 4-14　填表说明（一）

第3栏填写按税法规定符合抵扣条件，前期认证相符本期申报抵扣的防伪税控增值税专用发票和防伪税控机动车销售统一发票情况；填写辅导期纳税人由税务机关告知的稽核比对结果通知书及明细清单注明的稽核相符专用发票、核查结果中允许抵扣的专用发票和防伪税控机动车销售统一发票的份数、金额、税额。应与第23栏“期初已认证相符但未申报抵扣”加第24栏“本期认证相符且本期未申报抵扣”减第25栏“期末已认证相符但未申报抵扣”后数据相等。此栏仅限辅导期纳税人填报

第4栏填写按税法规定符合抵扣条件，本期申报抵扣的非防伪税控增值税专用发票及其他扣税凭证情况，应等于第5栏至第10栏之和

增值税纳税申报表附列资料（表二）

（本期进项税额明细）

税款所属时间：　年　月

纳税人名称：（公章）　　　　填表日期：　年　月　日　　　　金额单位：　元至角分

一、申报抵扣的进项税额				
项　目	栏次	份数	金额	税额
（一）认证相符的防伪税控增值税专用发票	1			
其中：本期认证相符且本期申报抵扣	2			
前期认证相符且本期申报抵扣	3			
（二）非防伪税控增值税专用发票及其他扣税凭证	4			
其中：海关进口增值税专用缴款书	5			
农产品收购发票或者销售发票	6			
废旧物资发票	7			
运输费用结算单据	8			
5%征收率	9	—	—	—
3%征收率	10	—	—	—
（三）外贸企业进项税额抵扣证明	11	—	—	
当期申报抵扣进项税额合计	12			

第5栏非辅导期纳税人填写按税法规定符合抵扣条件，本期申报抵扣的海关进口增值税专用缴款书份数、金额、税额；辅导期纳税人填写按税法规定符合抵扣条件，税务机关告知的稽核比对结果通知书及其明细清单注明的稽核相符海关进口增值税专用缴款书、核查结果中允许抵扣的海关进口增值税专用缴款书的份数、金额、税额

第6栏填写按税法规定符合抵扣条件，本期申报抵扣的农产品收购发票或者销售发票的份数、金额、税额

图 4-15　填表说明（二）

第7栏填写按税法规定符合抵扣条件，本期认证相符本期申报抵扣的2008年12月31日前开具的废旧物资增值税专用发票情况。自2009年5月1起，本栏不再填写

第8栏非辅导期纳税人填写按税法规定符合抵扣条件，本期申报抵扣的运输费用结算单据份数、金额、税额。辅导期纳税人填写税务机关告知的稽核比对结果通知书及其明细清单注明的稽核相符运输费用结算单据、核查结果中允许抵扣的运输费用结算单据的份数、金额、税额

增值税纳税申报表附列资料（表二）

（本期进项税额明细）

税款所属时间： 年 月

纳税人名称：（公章） 填表日期： 年 月 日 金额单位： 元至角分

一、申报抵扣的进项税额				
项 目	栏次	份数	金额	税额
（一）认证相符的防伪税控增值税专用发票	1			
其中：本期认证相符且本期申报抵扣	2			
前期认证相符且本期申报抵扣	3			
（二）非防伪税控增值税专用发票及其他扣税凭证	4			
其中：海关进口增值税专用缴款书	5			
农产品收购发票或者销售发票	6			
废旧物资发票	7			
运输费用结算单据	8			
5%征收率	9	—	—	—
3%征收率	10	—	—	—
（三）外贸企业进项税额抵扣证明	11	—	—	
当期申报抵扣进项税额合计	12			

第11栏“税额”填写税务机关出口退税部门开具的“外贸企业出口视同内销征税货物进项税额抵扣证明”允许抵扣的进项税额

第12栏应等于第1栏、第4栏、第11栏之和

第9栏不填写

第10栏不填写

图4-16 填表说明（三）

第13栏填写纳税人已经抵扣但按税法规定应做进项税额转出的税额，但不包括销售折扣、折让，销货退回等应负数冲减当期进项税额的税额。应等于第14栏至第21栏之和

第14栏填写纳税人已经抵扣进项税额的货物或劳务，用于免税货物，按税法规定应做进项税额转出的税额

第15栏填写纳税人已经抵扣进项税额的货物或劳务，用于非增值税应税项目、集体福利或者个人消费，按税法规定应做进项税额转出的税额

第16栏填写纳税人已经抵扣进项税额的货物或劳务，发生非正常损失，按税法规定应做进项税额转出的税额

二、进项税额转出额		
项　目	栏　次	税　额
本期进项税转出额	13	
其中：免税货物用	14	
非应税项目用、集体福利、个人消费	15	
非正常损失	16	
按简易征收办法征税货物用	17	
免抵退税办法出口货物不得抵扣进项税额	18	
纳税检查调减进项税额	19	
未经认证已抵扣的进项税额	20	
红字专用发票通知单注明的进项税额	21	

第17栏填写纳税人已经抵扣进项税额的货物或劳务，用于简易征收办法征税货物，按税法规定应做进项税额转出的税额

第18栏填写纳税人已经抵扣进项税额的货物或劳务，用于免抵退税办法出口货物，按税法规定应做进项税额转出的税额

第19栏填写纳税人已经抵扣进项税额的货物或劳务，按照税务、财政、审计部门检查并调整，做进项税额转出的税额

第20栏填写纳税人未经认证已经抵扣进项税额的货物或劳务，按税法规定应做进项税额转出的税额

第21栏填写纳税人按照主管税务机关开具的“开具红字增值税专用发票通知单”中“需要做进项额转出”的税额（说明栏“需要做进项额转出”项已勾选，对应的开具红字发票内容栏中的“税额”合计）

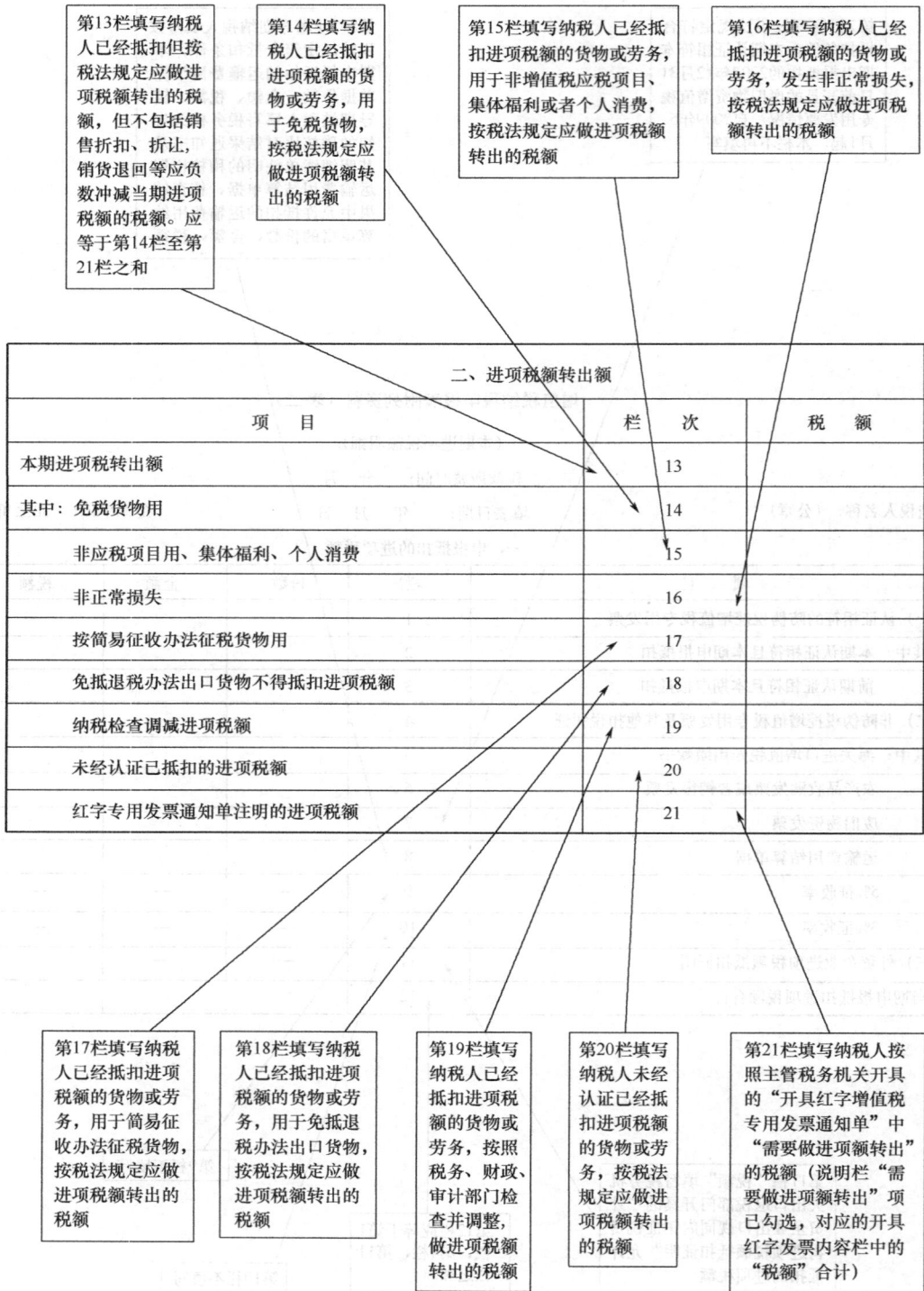

图 4-17　填表说明（四）

第23栏填写前期认证相符，但按照税法规定，暂不予抵扣，结存至本期的防伪税控增值税专用发票和防伪税控机动车销售统一发票情况；辅导期纳税人认证相符但未收到稽核比对结果的防伪税控增值税专用发票和防伪税控机动车销售统一发票月初余额数。应与上期“期末已认证相符但未申报抵扣”栏数据相等

第24栏填写本期认证相符，但因按照税法的规定暂不予抵扣及按照税法规定不允许抵扣，而未申报抵扣的防伪税控增值税专用发票和防伪税控机动车销售统一发票情况，包括外贸企业购进供出口的货物。辅导期纳税人填写本月已认证相符但未收到稽核比对结果的防伪税控增值税专用发票和防伪税控机动车销售统一发票数据

三、待抵扣进项税额				
项　目	栏　次	份　数	金　额	税　额
（一）认证相符的防伪税控增值税专用发票	22	—	—	—
期初已认证相符但未申报抵扣	23			
本期认证相符且本期未申报抵扣	24			
期末已认证相符但未申报抵扣	25			
其中：按照税法规定不允许抵扣	26			
（二）非防伪税控增值税专用发票及其他扣税凭证	27			
其中：海关进口增值税专用缴款书	28			
农产品收购发票或者销售发票	29			
废旧物资发票	30			
运输费用结算单据	31			
5%征收率	32	—	—	—
3%征收率	33	—	—	—
	34			

第22栏不填写

第25栏填写截至本期期末，按照税法的规定仍暂不予抵扣及按照税法的规定不允许抵扣且已认证相符的防伪税控增值税专用发票和防伪税控机动车销售统一发票情况；辅导期纳税人填写已认证相符但未收到稽核比对结果的防伪税控增值税专用发票和防伪税控机动车销售统一发票月末余额数

第26栏填写期末已认证相符但未申报抵扣的防伪税控增值税专用发票和防伪税控机动车销售统一发票中，按照税法规定不允许抵扣，而只能作为出口退税凭证或应列入成本、资产等项目的防伪税控增值税专用发票和防伪税控机动车销售统一发票。包括外贸出口企业用于出口而采购货物的防伪税控增值税专用发票、防伪税控机动车销售统一发票等

图 4-18　填表说明（五）

第27栏填写纳税人已经取得，但按税法规定不符合抵扣条件，暂不予在本期申报抵扣的进项税额情况及按照税法不允许抵扣的进项税额情况。应等于第28栏至第34栏之和

第28栏填写辅导期纳税人已经取得，但按税法规定不符合抵扣条件，暂不予在本期申报抵扣的，本月未收到稽核比对结果的海关进口增值税专用缴款书份数、金额、税额（包括本月前已申报未收到稽核比对结果的数据）

第29栏填写纳税人已经取得，但按税法规定不符合抵扣条件，暂不予在本期申报抵扣进项税额的农产品收购发票或者销售发票的份数、金额、税额

三、待抵扣进项税额				
项　目	栏　次	份　数	金　额	税　额
（一）认证相符的防伪税控增值税专用发票	22	—	—	—
期初已认证相符但未申报抵扣	23			
本期认证相符且本期未申报抵扣	24			
期末已认证相符但未申报抵扣	25			
其中：按照税法规定不允许抵扣	26			
（二）非防伪税控增值税专用发票及其他扣税凭证	27			
其中：海关进口增值税专用缴款书	28			
农产品收购发票或者销售发票	29			
废旧物资发票	30			
运输费用结算单据	31			
5%征收率	32	—	—	—
3%征收率	33	—	—	—
	34			

第33栏不填写

第32栏不填写

第30栏填写纳税人已经取得，但按税法规定不符合抵扣条件，暂不予在本期申报抵扣进项税额的废旧物资增值税专用发票的份数、金额、税额。自2009年5月1日起，本栏不再填写

第31栏填写纳税人已经取得，但按税法规定不符合抵扣条件，暂不予在本期申报抵扣进项税额的本月未收到稽核比对结果的运输费用结算单据份数、金额、税额（包括本月前已申报未收到稽核比对结果的数据）

图 4-19　填表说明（六）

第35栏填写税款所属期内认证相符的全部防伪税控增值税专用发票和全部防伪税控机动车销售统一发票的份数、金额、税额。应与防伪税控认证子系统中的本期全部认证相符的防伪税控增值税专用发票数据和公路内河货物运输发票税控系统本期全部认证相符的防伪税控机动车销售统一发票数据的和相同

第36栏不填写

第37栏不填写

四、其他				
项　目	栏　次	份数	金额	税额
本期认证相符的全部防伪税控增值税专用发票	35			
期初已征税款挂账额	36	—	—	
期初已征税款余额	37	—	—	
代扣代缴税额	38	—	—	

注：第1栏=第2栏+第3栏=第23栏+第35栏-第25栏；第2栏=第35栏-第24栏；第3栏=第23栏+第24栏-第25栏；第4栏等于第5栏至第10栏之和；第12栏=第1栏+第4栏+第11栏；第13栏等于第14栏至第21栏之和；第27栏等于第28栏至第34栏之和。

第38栏填写纳税人根据《中华人民共和国增值税暂行条例》第十八条的规定扣缴的增值税税额

图 4-20　填表说明（七）

七、辅导期一般纳税人的转正条件及办理程序

《增值税一般纳税人纳税辅导期管理办法》的通知（国税发〔2010〕40 号）规定，纳税辅导期内，主管税务机关未发现纳税人存在偷税、逃避追缴欠税、骗取出口退税、抗税或其他需要立案查处的税收违法行为的，从期满的次月起不再实行纳税辅导期管理，主管税务机关应制作、送达《税务事项通知书》，告知纳税人；主管税务机关发现辅导期纳税人存在偷税、逃避追缴欠税、骗取出口退税、抗税或其他需要立案查处的税收违法行为的，从期满的次月起按照本规定重新实行纳税辅导期管理，主管税务机关应制作、送达《税务事项通知书》，告知纳税人。

另外，征管流程规定：辅导期一般纳税人于辅导期的最后一个月的 15 日～20 日期间（遇节假日顺延）向办税服务厅（综合窗口）提出书面申请，填写《增值税一般纳税人认定审批表》，其格式和内容见本章附表 4–9（1）～附表 4–9（8），并附送“一般纳税人认定核查报告单”“辅导期一般纳税人跟踪情况反馈单”等其他材料，其格式和内容见本章附表 4–10、附表 4–11。

八、记录及证明经济业务的原始凭证

凭证 4-1

中国工商银行 合肥市×× 支行 进账单 （回 单） 1

2019 年 04 月 18 日 第 号

付款人	全 称	刘益	收款人	全 称	合肥益益商贸公司											
	账 号	060-68142505×1		账 号	10213010210000×××××											
	开户银行	中国工商银行合肥长江路支行		开户银行	中国工商银行合肥学院路支行											
金额	人民币陆拾万元整（大写）					亿	千	百	十	万	千	百	十	元	角	分
								¥	6	0	0	0	0	0	0	0
票据种类		票据张数														
票据张数																
复核 记账				开户银行盖章												

此联是开户银行交给收款人的回单或收账通知

凭证 4-2

中国工商银行 业务收费凭证（第五联）

五联 转账 ☑ 现金 ☐ 2019年04月19日

交费单位	合肥益益商贸公司									备 注
账 号	10213010210000×××××	金 额								
收费种类	摘 要		万	千	百	十	元	角	分	
邮电费										
工本费	现金支票1本，转账支票1本				¥	1	0	0	0	
手续费	现金支票1本，转账支票1本				¥	4	0	0	0	
合 计 人民币（大写）	伍拾元整	合计			¥	5	0	0	0	银行签章

会计主管： 事中监督： 记账：

客户回单

凭证 4-3

中国工商银行

现金支票存根

VI II 01696868

科　　目

对方科目

出票日期 2019 年 04 月 19 日

收款人：合肥益益商贸公司
金　额：¥ 40 000.00
用　途：备用金

单位主管　　　　会计

凭证 4-4

合肥市工商行政管理专用票证

企业登记费收据　　　　No 0548723

2019年04月22日　财B129—10—01

合肥市财政监制　丰99.8

交款单位	合肥益益商贸公司				
注册资金总额		变更登记费			
开业登记费	500.00	副本费			
工本费		年检注册费			
人民币（大写）	⊗万 ⊗仟 伍佰 零拾 零元 零角 零分　¥ 500.00				

二联　交款单位收据

收款单位：（盖章有效）　　收款人：　　制单：

凭证 4-5

合肥市税务局

票证工本费收据

财 B 127-02-01

No. 01818180

购买日期：2019-4-23

企业名称：合肥益益商贸公司　　　　发票鉴定卡号：0285××××

合肥市财政局监制

项目名称	起止号码	数量	单价	金额（元）
服务业折票	204175852654342618—204175852654342643			120.00
合计人民币（小写）	¥120.00			
合计人民币（大写）壹佰贰拾元整				

第二联 购票单位收执

填票人：　　　　单位名称：(盖章)

凭证 4-6

中国工商银行

现金支票存根

VI II 01696869

科　目

对方科目

出票日期 2019 年 04 月 24 日

收款人：王元	
金　额：¥10 000.00	
用　途：预借差旅费	

单位主管　　　会计

凭证 4-7

合肥益益商贸公司应付工资计算表 单位：元

姓名	3 月	4 月	合计
王元	2 500.00	2 500.00	
赵红	2 000.00	2 000.00	
李明	2 000.00	2 000.00	
合计	6 500.00	6 500.00	13 000.00

凭证 4-8

中国工商银行 电汇凭证（回单） 1

□普通 □加急 委托日期：2019 年 04 月 28 日

<table>
<tr><td rowspan="3">汇款人</td><td>全　称</td><td colspan="5">合肥益益商贸公司</td><td rowspan="3">收款人</td><td>全　称</td><td colspan="8">广州胜利汽配厂</td></tr>
<tr><td>账　号</td><td colspan="5">10213010210000×××××</td><td>账　号</td><td colspan="8">264-0801014856</td></tr>
<tr><td>汇出地点</td><td colspan="5">安徽省合肥市中国工商银行合肥学院路支行</td><td>汇入地点</td><td colspan="8">广东省广州市中国工商银行凤凰路支行</td></tr>
<tr><td rowspan="2">金额</td><td colspan="6" rowspan="2">人民币：壹万伍仟元整
(大写)</td><td>亿</td><td>千</td><td>百</td><td>万</td><td>十</td><td>万</td><td>千</td><td>十</td><td>元</td><td>角</td><td>分</td></tr>
<tr><td></td><td></td><td></td><td></td><td>¥</td><td>1</td><td>5</td><td>0</td><td>0</td><td>0</td><td>0</td></tr>
<tr><td colspan="7"></td><td colspan="2">支付密码</td><td colspan="9"></td></tr>
<tr><td colspan="7">汇出行签章</td><td colspan="11">附加信息及用途：

复核　　记账</td></tr>
</table>

此联汇出行给汇款人的回单

凭证 4-9

中国工商银行　业务收费凭证（第五联）

五联　　转账 ☑　　现金 □　　2019年04月28日

交费单位	合肥益益商贸公司									备　注
账　号	10213010210000×××××	金　额								
收费种类	摘　要	万	千	百	十	元	角	分		
邮电费					1	0	0	0		
工本费										
手续费							5	0		
合　计 人民币（大写）	壹拾元伍角整 合计			¥	1	0	5	0		银行签章

客户回单

会计主管：　　事中监督：　　记账：

凭证 4-10

中国工商银行特种转账贷方传票

委托日期　2019 年 04 月 28 日　　第　××　号

收款人	全　称	合肥益益商贸公司	付款人	全　称	苏州启程汽车有限公司
	账号或地址	10213010210000×××××		账号或地址	22126069260
	开户银行	中国工商银行合肥学院路支行		开户银行	中国工商银行苏州文化路支行

委收金额	人民币（大写）壹万玖仟陆佰捌拾元整	千	百	十	万	千	百	十	元	角	分
				¥	1	9	6	8	0	0	0

原凭证张数		赔偿金		科　目（）
原凭证名称		号码		对方科目（）
备注：	预付购货款 银行盖章			复核　记账　制票

单位主管　　会计　　复核　　记账

凭证 4-11

合肥市商业零售统一发票

客户名称：合肥益益商贸公司　　2019 年 04 月 28 日　　NO.0582762

<table>
<tr><th rowspan="2">货号</th><th rowspan="2">品名及规格</th><th rowspan="2">单位</th><th rowspan="2">数量</th><th rowspan="2">单价</th><th colspan="8">金　额</th></tr>
<tr><th></th><th>万</th><th>千</th><th>百</th><th>十</th><th>元</th><th>角</th><th>分</th></tr>
<tr><td></td><td>汽车坐垫</td><td>套</td><td>100</td><td>450.00</td><td rowspan="5">超十万元无效</td><td>4</td><td>5</td><td>0</td><td>0</td><td>0</td><td>0</td><td>0</td></tr>
<tr><td></td><td></td><td></td><td></td><td></td><td></td><td></td><td></td><td></td><td></td><td></td><td></td></tr>
<tr><td></td><td></td><td></td><td></td><td></td><td></td><td></td><td></td><td></td><td></td><td></td><td></td></tr>
<tr><td></td><td></td><td></td><td></td><td></td><td></td><td></td><td></td><td></td><td></td><td></td><td></td></tr>
<tr><td rowspan="3">合计金额</td><td rowspan="3" colspan="4">（大写）肆万伍仟元整</td><td></td><td></td><td></td><td></td><td></td><td></td><td></td></tr>
<tr><td></td><td></td><td></td><td></td><td></td><td></td><td></td><td></td></tr>
<tr><td>合计</td><td>4</td><td>5</td><td>0</td><td>0</td><td>0</td><td>0</td><td>0</td></tr>
<tr><td>付款方式</td><td colspan="3"></td><td colspan="3">开户银行及账号</td><td colspan="6"></td></tr>
</table>

凭证 4-12

中国工商银行
转账支票存根

VI II 02974867

科　　目

对方科目

出票日期 2019 年 04 月 28 日

收款人：牧宝车局股份有限公司
金　额：￥45 000.00
用　途：支付货款

单位主管　　　　会计

凭证 4-13

中国工商银行电汇凭证

委托日期　2019 年 05 月 08 日　　　　　　　　第　××　号

汇款人	全称	合肥益益商贸公司			收款人	全称	永发公司		
	账号或地址	10213010210000×××××				账号或地址	47846057228		
	汇出地点	合肥市	汇出行名称	中国工商银行合肥学院路支行		汇入地点	长沙市	汇入行名称	中国工商银行长沙紫云路支行

金额	人民币（大写）玖仟元整	千	百	十	万	千	百	十	元	角	分
					¥	9	0	0	0	0	0

汇款用途：广告费	汇出行盖章 年　月　日
上列款项已委托办理，如需查询，请持此回单来行面洽	

单位主管　　　　会计　　　　出纳　　　　记账

凭证 4-14

中国工商银行　业务收费凭证（第五联）

五联　　　转账 ☑　　现金 ☐　　　　2019年05月08日

交费单位	合肥益益商贸公司								备　注
账　　号	10213010210000×××××	金　额							
收费种类	摘　　要	万	千	百	十	元	角	分	
邮 电 费					¥	5	0	0	
工 本 费									
手 续 费						¥	5	0	
合　计 人民币（大写）	伍元伍角整　合计				¥	5	5	0	银行签章

客户回单

会计主管：　　　　事中监督：　　　　记账：

凭证 4-15

安徽省行政事业性收费票据

交费单位或个人姓名：合肥益益商贸公司　　2019 年 05 月 08 日　　第Ⅱ　　№166

收费项目	计量单位	数量	单价	金额								
				百	十	万	千	百	十	元	角	分
发票款							¥	1	0	0	0	0
合计金额（大写）	壹佰元整							¥100.00				

凭证 4-16

中国工商银行
转账支票存根

ⅥⅡ 02974867

科　　目

对方科目

出票日期 2019 年 05 月 08 日

收款人：本单位员工
金　额：¥13 000.00
用　途：支付工资

单位主管　　　　会计

凭证 4-17

合肥益益商贸公司工资发放汇总表 金额单位：元

姓名	3月	4月	合计	签名
王元	2 500.00	2 500.00		王元
赵红	2 000.00	2 000.00		赵红
李明	2 000.00	2 000.00		李明
合计	6 500.00	6 500.00	13 000.00	

凭证 4-18

安徽省增值税专用发票 No.0000000101

发票联 开票日期：2019 年 05 月 13 日

<table>
<tr><td>购货单位</td><td colspan="4">名　　称：苏州启程汽车有限公司
纳税人识别号：123200004660073×××
地 址、电 话：苏州市文化路 87 号　0512-67666245
开户行及账号：中国工商银行苏州市文化路支行 313305060371</td><td>密码区</td><td colspan="3">4590+- ‹3› 5› 927+296+/　加密版本：01
448 ‹6375 ‹65› ‹4/　37009932310
2-2 ‹2051+21+2618 ‹7　0434
/3-14› › 09/5/-1› › › +7</td></tr>
<tr><td colspan="2">货物或应税劳务名称</td><td>规格型号</td><td>单位</td><td>数量</td><td>单价</td><td>金额</td><td>税率</td><td>税额</td></tr>
<tr><td colspan="2">汽车坐垫</td><td></td><td>套</td><td>10</td><td>679.612</td><td>6796.12</td><td>3%</td><td>203.88</td></tr>
<tr><td colspan="2">合　计</td><td></td><td></td><td></td><td></td><td>￥6796.12</td><td></td><td>￥203.88</td></tr>
<tr><td colspan="2">价税合计（大写）</td><td colspan="7">⊗ 柒仟元整　　（小写）￥7000.00</td></tr>
<tr><td>销货单位</td><td colspan="4">名　　称：合肥益益商贸公司
纳税人识别号：34010000×××××××
地 址、电 话：安徽省合肥市三里街汽配城 55 号 0551-65381528
开户行及账号：中国工商银行合肥学院路支行 10213010210000×××××</td><td>备注</td><td colspan="3"></td></tr>
</table>

第一联：记账联　销货方记账凭证

收款人：杜红　　复核：陈新　　开票人：杜红　　销货单位：（章）

凭证 4-19

公路、内河货物运输业统一发票

开票日期：2019 年 05 月 13 日　　　　　　　　　　　　　　NO.0565494

发站	合肥	到站	苏州市		车种车号			货车自重	
集装箱型		运到期限			保价金额			运价里程	
收款人	全称	苏州启程汽车有限公司	发货人	全称	合肥益益商贸公司			现付费用	
	地址	苏州市文化路		地址	安徽省合肥市三里街汽配城 55 号			项目	金额
购货名称	件数	货物重量	计费重量	运价号	运价率		附记	运费	87.00
汽车坐垫	10								
发货人声明事项：									
铁路局声明事项：								合计	87.00

凭证 4-20

中国工商银行　进账单（回单）　1

2019 年 05 月 16 日　　　　　　　　第　046 号

付款人	全　称	北京安生技术公司	收款人	全　称	合肥益益商贸公司
	账　号	2101-256273		账　号	10213010210000×××××
	开户银行	中国农业银行北京市文昌路支行		开户银行	中国工商银行合肥学院路支行

金额	亿	千	百	十	万	千	百	十	元	角	分
人民币（大写）壹仟元整					¥	1	0	0	0	0	0

票据种类		票据张数		
票据张数				
		复核　记账		开户银行盖章

此联是开户银行交给收款人的回单或收账通知

凭证 4-21

安徽省增值税专用发票

No.0000000123

发票联

开票日期：2019 年 05 月 16 日

购货单位	名　　称：北京安生技术公司 纳税人识别号：14385700××××××× 地 址、电 话：北京市延安路 87 号　010-37666345 开户行及账号：中国工商银行北京市延安路支行 313305060371			密码区	4590+- ‹3› 5› 927+296+/　加密版本：01 448 ‹6375 ‹65› ‹4/　37009932310 2-2 ‹2051+21+2618 ‹7　0434 /3-14› › 09/5/-1› › › +7		
货物或应税劳务名称	规格型号	单位	数量	单价	金额	税率	税额
技术服务					970.87	3%	29.13
合　计					￥970.87		￥29.13
价税合计（大写）	⊗ 壹仟元整				（小写）￥1000.00		
销货单位	名　　称：合肥益益商贸公司 纳税人识别号：34010000××××××× 地 址、电 话：安徽省合肥市三里街汽配城 55 号 0551-65381528 开户行及账号：中国工商银行合肥学院路支行 10213010210000×××××			备注			

收款人：杜红　　复核：陈新　　开票人：杜红　　销货单位：（章）

第一联：记账联　销货方记账凭证

凭证 4-22

网点号：07501

存款　利息传票（收账通知）

贷：20102　　2019 年 05 月 21 日　　（对方科目）借：利息支出

账　号	10213010210000×××××			
户　名	合肥益益商贸公司			
起息日	止息日	利　率	积　　数	利　　息
2019/04/15	2019/04/20	0.3%		435.27
利息金额	大写：人民币肆佰叁拾伍元贰角柒分			435.27
备　注	对应计息账号：01090339100120120049×××			

会计　　记账　　复核

凭证 4-23

中国工商银行特种转账贷方传票

委托日期 2019 年 05 月 27 日　　　　第 ×× 号

<table>
<tr><td rowspan="3">收款人</td><td>全称</td><td colspan="3">合肥益益商贸公司</td><td rowspan="3">付款人</td><td>全称</td><td colspan="10">洛阳鸿运汽车公司</td></tr>
<tr><td>账号或地址</td><td colspan="3">10213010210000×××××</td><td>账号或地址</td><td colspan="10">3212678900</td></tr>
<tr><td>开户银行</td><td colspan="3">中国工商银行合肥学院路支行</td><td>开户银行</td><td colspan="10">中国工商银行洛阳龙门路支行</td></tr>
<tr><td rowspan="2">委收金额</td><td colspan="6" rowspan="2">人民币（大写）贰万捌仟捌佰元整</td><td>千</td><td>百</td><td>十</td><td>万</td><td>千</td><td>百</td><td>十</td><td>元</td><td>角</td><td>分</td></tr>
<tr><td></td><td></td><td>¥</td><td>2</td><td>8</td><td>8</td><td>0</td><td>0</td><td>0</td><td>0</td></tr>
<tr><td colspan="2">原凭证张数</td><td></td><td>赔偿金</td><td colspan="3"></td><td colspan="10" rowspan="3">科　目（）
对方科目（）
复核　　记账　　制票</td></tr>
<tr><td colspan="2">原凭证名称</td><td></td><td>号码</td><td colspan="3"></td></tr>
<tr><td>备注:</td><td colspan="6">银行盖章</td></tr>
</table>

单位主管　　　　会计　　　　复核　　　　记账

凭证 4-24

合肥益益商贸公司应付工资计算表

单位：元

姓名	5 月	合计	备注
王元	3 500.00		
赵红	3 000.00		
李明	3 000.00		
合计	9 500.00	9 500.00	

凭证 4-25

中华人民共和国税收通用缴款书

征税机关：

隶属关系：

经济类型：私营有限责任公司　　　　　　　　　　填发日期：　2019　年 06　月 02　日

缴款单位（人）	代码		预算科目	编码	
	全称	合肥益益商贸公司		名称	私营企业增值税
	开户银行	中国工商银行合肥学院路支行		级次	
	账号	10213010210000×××××	收款国库		
税款所属时期 2019 年 5 月 1 日至 31 日			税款限缴日期 2019 年 6 月 15 日		

品目名称	课税数量	计税金额或销售收入	税率或单位税额	已缴或扣除额	实税金额 亿	千	百	十	万	千	百	十	元	角	分
汽车零配件		6 796.12	3%								2	0	3	8	8
技术收入		970.87	3%									2	9	1	3
金额合计（大写）贰佰叁拾叁元零角壹分										¥	2	3	3	0	1

缴款单位（人） （盖章） 经办人（章）	税务机关 （盖章） 填票人（章）	上列款项已收妥并划转收款项单位账户 国库（银行）盖章　　　年　　月　　日	备注：

逾期不缴按税法规定加收滞纳金。

凭证 4-26

中国工商银行电子缴税付款凭证

转账日期：2019 年 06 月 02 日　　　　　　　　凭证字号：002184

纳税人全称及纳税人识别号：合肥益益商贸公司 34010000×××××××

付款人全称：合肥益益商贸公司

付款人账号：10213010210000×××××　　　　　　征收机关名称：合肥市蜀山区税务局

付款人开户银行：中国工商银行合肥学院路支行　　　　收款国库（银行）名称：合肥市蜀山区

小写（合计）金额：RMB27.96　　　　　　缴款书交易流水号：×××××××××××××××

大写（合计）金额：人民币贰拾柒元玖角陆分　　　　税票号码：×××××××××××××××

税（费）种名称	所属时期	实缴金额
城市维护建设税	20190501-20190531	16.31
教育费附加	20190501-20190531	6.99
地方教育费附加	20190501-20190531	4.66

第 1 次打印　　　　　　　　　打印时间：2019 年 6 月 2 日 11 时 58 分

凭证 4-27

中国工商银行

转账支票存根

VI II 02974867

科　　目

对方科目

出票日期 2019 年 06 月 05 日

收款人：本单位员工	
金　额：¥9 500.00	
用　途：支付工资	

单位主管　　　　会计

凭证 4-28

合肥益益商贸公司工资发放汇总表

姓名	5月	合计	签名
王元	3 500.00		王元
赵红	3 000.00		赵红
李明	3 000.00		李明
合计	9 500.00	9 500.00	

凭证 4-29

广东省增值税专用发票

No.0000000101

发票联

开票日期：2019 年 06 月 05 日

购货单位	名　　称：合肥益益商贸公司 纳税人识别号：34010000××××××× 地 址、电 话：安徽省合肥市三里街汽配城 55 号 0551-65381258 开户行及账号：中国工商银行合肥学院路支行 10213010210000×××××			密码区	6+-〈2〉6〉927+296+/　加密版本：01 446〈600375〈35〉〈4/　37009931410 2-2〈2051+24+2618〈7　0445 /3-15〉〉09/5/-1〉〉〉+2		
货物或应税劳务名称	规格型号	单位	数量	单价	金额	税率	税额
汽车香水		瓶	200	44.247 8	8 849.56	13%	1 150.44
合　计					¥8 849.56		¥1 150.44
价税合计（大写）	⊗ 壹万元整				（小写）¥10 000.00		
销货单位	名　　称：广州胜利汽配厂 纳税人识别号：4401052786548××××× 地 址、电 话：广州市凤凰大道 67 号　020-39967890 开户行及账号：中国工商银行凤凰路支行 2640801014856			备注			

收款人：杜红　　复核：陈新　　开票人：杜红　　销货单位：（章）

第三联：发票联　购货方记账凭证

凭证 4-30

安徽省增值税专用发票

No.0000000101

发票联

开票日期：2019 年 06 月 08 日

购货单位	名　　称：苏州启程汽车有限公司 纳税人识别号：123200004660073××× 地 址、电 话：苏州市文化路 87 号　0512-67666245 开户行及账号：中国工商银行苏州市文化路支行 313305060371			密码区	4590+-〈3〉5〉927+296+/　加密版本：01 448〈6375〈65〉〈4/　37009932310 2-2〈2051+21+2618〈7　0434 /3-14〉〉09/5/-1〉〉〉+7		
货物或应税劳务名称	规格型号	单位	数量	单价	金额	税率	税额
汽车香水		瓶	200	56.106 2	11 221.24	13%	1 458.76
合　计					¥11 221.24		¥1 458.76
价税合计（大写）	⊗ 壹万贰仟陆佰捌拾元整				（小写）¥12 680.00		
销货单位	名　　称：合肥益益商贸公司 纳税人识别号：34010000××××××× 地 址、电 话：安徽省合肥市三里街汽配城 55 号 0551-65381528 开户行及账号：中国工商银行合肥学院路支行 10213010210000×××××			备注			

收款人：杜红　　复核：陈新　　开票人：杜红　　销货单位：（章）

第三联：发票联　购货方记账凭证

九、附表

附表 4-1

增值税纳税申报表（适用于小规模纳税人）

纳税人识别号：

纳税人名称（公章）： 金额单位：元（列至角分）

税款所属时间： 自 年 月 日至 年 月 日 填表日期 年 月 日

<table>
<tr><td></td><td>项目</td><td>栏次</td><td>本月数</td><td>本年累计</td></tr>
<tr><td rowspan="9">一、计税依据</td><td>（一）应征增值税货物及劳务不含税销售额</td><td>1</td><td></td><td></td></tr>
<tr><td>其中：税务机关代开的增值税专用发票不含税销售额</td><td>2</td><td></td><td></td></tr>
<tr><td>税控器具开具的普通发票不含税销售额</td><td>3</td><td></td><td></td></tr>
<tr><td>（二）销售使用过的应税固定资产不含税销售额</td><td>4</td><td></td><td></td></tr>
<tr><td>其中：税控器具开具的普通发票不含税销售额</td><td>5</td><td></td><td></td></tr>
<tr><td>（三）免税货物及劳务销售额</td><td>6</td><td></td><td></td></tr>
<tr><td>其中：税控器具开具的普通发票销售额</td><td>7</td><td></td><td></td></tr>
<tr><td>（四）出口免税货物销售额</td><td>8</td><td></td><td></td></tr>
<tr><td>其中：税控器具开具的普通发票销售额</td><td>9</td><td></td><td></td></tr>
<tr><td rowspan="5">二、税款计算</td><td>本期应纳税额</td><td>10</td><td></td><td></td></tr>
<tr><td>本期应纳税额减征额</td><td>11</td><td></td><td></td></tr>
<tr><td>应纳税合计</td><td>12=10-11</td><td></td><td></td></tr>
<tr><td>本期预缴税额</td><td>13</td><td></td><td></td></tr>
<tr><td>本期应补（退）税额</td><td>14=12-13</td><td></td><td></td></tr>
</table>

<table>
<tr><td rowspan="7">纳税人或代理人声明：此纳税申报是根据国家税收法律的规定填报的，我确定它是真实的、可靠的、完整的</td><td colspan="4">如纳税人填报，由纳税人填写以下各栏</td></tr>
<tr><td>办税人员（签章）：</td><td></td><td>财务负责人（签章）：</td><td></td></tr>
<tr><td>法定代表人（签章）：</td><td></td><td>联系电话：</td><td></td></tr>
<tr><td colspan="4">如委托代理人填报，由代理人填写以下各栏</td></tr>
<tr><td>代理人名称：</td><td></td><td>经办人（签章）：</td><td></td></tr>
<tr><td>代理人（公章）：</td><td></td><td>联系电话：</td><td></td></tr>
<tr><td></td><td></td><td></td><td></td></tr>
</table>

受理人： 受理日期： 年 月 日 受理税务机关（签章）：

本表为 A3 竖式，一式三份，一份纳税人留存、一份主管税务机关留存、一份征收部门留存。

附表 4-2

无应纳税（费）款申报书

申报所属日期：　　年　月　日至　　年　月　日

纳税人税务计算机代码：

纳税人全称：

根据《中华人民共和国税收征收管理法实施细则》第三十二条的规定要求，我单位（或个人）申报本期应纳的所有地方税、费、附加等款项均为零。

我确认以上申报内容真实可靠，并愿意承担由此产生的相关法律责任。

特此申报。

合肥益益商贸公司（印章）

年　月　日

附表 4-3

合肥市税务局综合纳税（基金、费）综合申报表

微机编码：　　　　填报日期 20　年　月　日　　　　计算单位：元（列至角分）

纳税人全称（盖章）：					地址			注册类型	有限责任公司	电话：
纳税登记证号：				办税证号				预储账号	纳税类别	
税（费）种	所属期	税目	计税项目	计征金额（数量）	税（费）率（单位税额）	应纳税（费）额	批准抵扣税（费）额	批准减免税（费）额	批准延期缴纳税（费）额	实际征收税（费）额
城市维护建设税										
教育附加税										
水利基金										
印花税										
土地增值税										
车船税										
屠宰税										
文化事业费										
广告教育附加费										

续表

税（费）种	所属期	税目	计税项目	计征金额（数量）	税（费）率（单位税额）	应纳税（费）额	批准抵扣税（费）额	批准减免税（费）额	批准延期缴纳税（费）额	实际征收税（费）额
投宿人员教育附加费										
在职职工教育附加费										
商网基金										
地方教育费附加										
房产税	所属期	使用形式	建筑面积	房产原值	计税价值	税率	税额	批准抵扣税额	批准延期缴纳税额	实际征收税额
土地使用税	所属期	土地类别	实际占用面积	应计税面积	单位税额	税额	本期应纳税额	批准抵扣税额	批准延期缴纳税额	实际征收税额
固定资产投资方向调节税	所属期	建设项目名称	工程名称	实际完成投资额	销售商品房面积	税率	税额	批准抵扣税额	批准延期缴纳税额	实际征收税额
纳税人声明	本单位（公司、个人）所申报的各种税款真实、准确，如有虚假内容，愿承担法律责任。法人代表 签名： 年 月 日		授权人声明	我（公司）现授权____为本纳税人的纳税申报代理人，其法人代表：____电话：________。任何与申报有关的往来文件，都可寄此代理机构。委托代理合同号码： 授权人签名： 年 月 日		代理人声明	本纳税申报表是按照国家税法和税务机关有关规定填报的，我确信是真实的、合法的，如有不实，我愿承担法律责任。 代理人（法人代表）签名： 经办人签名： (代理人盖章) 年 月 日		受理申报日期： 年 月 日 受理人签名：	
税务机关声明										

企业（业主）财务负责人签名：　　　　企业（业主）会计签名：　　　　填表人签名：

或税务代理负责人：　　　　或税务代理主管：

附表 4-4

电子缴库专用缴款书

申报序号：　　　　　　　　年　　月　　日

纳税人计算机代码			征收机关代码	
纳税人名称			征收机关名称	
付款人名称			收款国库名称	
付款人开户银行名称			国库清算行号	
付款人账号				

纳税项目代码	课税数量	计税金额	实缴税额

金额合计（大写）：		金额合计（小写）：	¥
付款人盖章 经办人（章）	税务机关（章）	银行 记账员盖章	备注

附表 4-5

A200000 中华人民共和国企业所得税月（季）度预缴纳税申报表（A 类）

税款所属期间：　　年　月　日至　年　月　日

纳税人识别号（统一社会信用代码）：□□□□□□□□□□□□□□□□□□□□

纳税人名称：　　　　　　　　　　　　　　　　　　　　金额单位：人民币元（列至角分）

预缴方式	□ 按照实际利润额预缴	□ 按照上一纳税年度应纳税所得额平均额预缴	□ 按照税务机关确定的其他方法预缴
企业类型	□ 一般企业	□ 跨地区经营汇总纳税企业总机构	□ 跨地区经营汇总纳税企业分支机构

预缴税款计算			
行次		项目	本年累计金额
1		营业收入	
2		营业成本	
3		利润总额	
4		加：特定业务计算的应纳税所得额	
5		减：不征税收入	
6		减：免税收入、减计收入、所得减免等优惠金额（填写 A201010）	
7		减：固定资产加速折旧（扣除）调减额（填写 A201020）	
8		减：弥补以前年度亏损	
9		实际利润额（3+4-5-6-7-8）\ 按照上一纳税年度应纳税所得额平均额确定的应纳税所得额	
10		税率（25%）	
11		应纳所得税额（9×10）	
12		减：减免所得税额（填写 A201030）	
13		减：实际已缴纳所得税额	
14		减：特定业务预缴（征）所得税额	
15		本期应补（退）所得税额（11-12-13-14）\ 税务机关确定的本期应纳所得税额	
汇总纳税企业总分机构税款计算			
16	总机构填报	总机构本期分摊应补（退）所得税额（17+18+19）	
17	总机构填报	其中：总机构分摊应补（退）所得税额（15×总机构分摊比例__%）	
18	总机构填报	财政集中分配应补（退）所得税额（15×财政集中分配比例__%）	
19	总机构填报	总机构具有主体生产经营职能的部门分摊所得税额（15×全部分支机构分摊比例__%×总机构具有主体生产经营职能部门分摊比例__%）	
20	分支机构填报	分支机构本期分摊比例	
21	分支机构填报	分支机构本期分摊应补（退）所得税额	

附报信息			
高新技术企业	□ 是 □ 否	科技型中小企业	□ 是 □ 否
技术入股递延纳税事项	□ 是 □ 否		
按季度填报信息			
季初从业人数		季末从业人数	
季初资产总额（万元）		季末资产总额（万元）	
国家限制或禁止行业	□ 是 □ 否	小型微利企业	□ 是 □ 否

谨声明：本纳税申报表是根据国家税收法律法规及相关规定填报的，是真实的、可靠的、完整的。

纳税人（签章）：　　　　年　月　日

经办人： 经办人身份证号： 代理机构签章： 代理机构统一社会信用代码：	受理人： 受理税务机关（章）： 受理日期：　年　月　日

国家税务总局监制

附表 4-6

增值税纳税申报表

（适用于增值税一般纳税人）

根据（中华人民共和国增值税暂行条例）第二十二条和第二十三条的规定制定本表。纳税人不论有无销售额，均应按主管税务机关核定的纳税期限按期填报本表，并于次月一日起十五日内，向当地税务机关申报。

税款所属时间：自　　年　　月　　日至　　年　　月　　日

填表日期：　　年　　月　　日　　　　　　　　　　　　　　　　　　　　金额单位：元至角分

纳税人识别号		所属行业			
纳税人名称	（公章）	法定代表人姓名		注册地址	营业地址
开户银行及账号		企业登记注册类型			电话号码

项目		栏次	一般货物及劳务		即征即退货物及劳务	
			本月数	本年累计	本月数	本年累计
销售额	（一）按适用税率征税货物及劳务销售额	1				
	其中：应税货物销售额	2				
	应税劳务销售额	3				
	纳税检查调整的销售额	4				
	（二）按简易征收办法征税货物销售额	5				
	其中：纳税检查调整的销售额	6				
	（三）免、抵、退办法出口货物销售额	7				
	（四）免税货物及劳务销售额	8				
	其中：免税货物销售额	9				
	免税劳务销售额	10				
计款	销项税额	11				
	进项税额	12				
	上期留抵税额	13				
	进项税额转出	14				
	免抵退货物应退税额	15				
	按适用税率计算的纳税检查应补缴税额	16				
	应抵扣税额合计	17=12+13-14-15+16				
	实际抵扣税额	18（如 17<11，则为 17，否则为 11）				
	应纳税额	19=11-18				
	期末留抵税额	20=17-18				

续表

项目		栏次	一般货物及劳务		即征即退货物及劳务	
			本月数	本年累计	本月数	本年累计
计款	简易征收办法计算的应纳税额	21				
	按简易征收办法计算的纳税检查应补缴税额	22				
	应纳税额减征额	23				
	应纳税额合计	24=19+21-23				
	期初未缴税额（多缴为负数）	25				
税款缴纳	实收出口开具专用缴款书退税额	26				
	本期已缴税额	27=28+29+30+31				
	①分次预缴税额	28				
	②出口开具专用缴款书预缴税额	29				
	③本期缴纳上期应纳税额	30				
	④本期缴纳欠缴税额	31				
	期末未缴税额（多缴为负数）	32=24+25+26-27				
	其中：欠缴税额（≥0）	33=25+26-27				
	本期应补（退）税额	34=24-28-29				
	即征即退实际退税额	35				
	期初未缴查补税额	36				
	本期入库查补税额	37				
	期末未缴查补税额	38=16+22+36-37				

授权声明		申报人声明	
授权声明	如果你已委托代理人申报，请填写下列资料： 为代理一切税务事宜，现授权 （地址） 为本纳税人的代理申报人，任何与本申报表有关的往来文件，都可寄予此人。 授权人签字：	申报人声明	此纳税申报表是根据《中华人民共和国增值税暂行条例》的规定填报的，我相信它是真实的、可靠的、完整的。 声明人签字：

以下由税务机关填写：

收到日期：　　　　接收人：　　　　主管税务机关盖章：

附表 4-7

增值税纳税申报表附列资料（表一）

（本期销售情况明细）

税款所属时间：　　年　月

纳税人名称：（公章）　　填表日期：　年　月　日　　金额单位：元至角分

一、按适用税率征收增值税货物及劳务的销售额和销项税额明细

项目	栏次	应税货物						应税劳务			小计		
		13%税率			9%税率								
		份数	销售额	销项税额	份数	销售额	销项税额	份数	销售额	销项税额	份数	销售额	销项税额
防伪税控系统开具的增值税专用发票	1												
非防伪税控系统开具的增值税专用发票	2												
开具普通发票	3												
未开具发票	4												
小计	5=1+2+3+4												
纳税检查调整	6												
合计	7=5+6												

二、简易征收办法征收增值税货物的销售额和应纳税额明细

项目	栏次	5%征收率			3%征收率			小计		
		份数	销售额	应纳税额	份数	销售额	应纳税额	份数	销售额	应纳税额
防伪税控系统开具的增值税专用发票	8									
非防伪税控系统开具的增值税专用发票	9									
开具普通发票	10									
未开具发票	11									
小计	12=8+9+10+11									
纳税检查调整	13									
合计	14=12+13									

三、免征增值税货物及劳务销售额明细

项目	栏次	免税货物			免税劳务			小计		
		份数	销售额	税额	份数	销售额	税额	份数	销售额	税额
防伪税控系统开具的增值税专用发票	15									
开具普通发票	16									
未开具发票	17									
合计	18=15+16+17									

附表 4-8

增值税纳税申报表附列资料（表二）

（本期进项税额明细）

税款所属时间：　　年　月

纳税人名称：（公章）　　填表日期：　年　月　日　　金额单位：元至角分

一、申报抵扣的进项税额				
项　目	栏次	份数	金额	税额
（一）认证相符的防伪税控增值税专用发票	1			
其中：本期认证相符且本期申报抵扣	2			
前期认证相符且本期申报抵扣	3			
（二）非防伪税控增值税专用发票及其他扣税凭证	4			
其中：海关进口增值税专用缴款书	5			
农产品收购发票或者销售发票	6			
废旧物资发票	7			
运输费用结算单据	8			
5%征收率	9			
3%征收率	10			
（三）外贸企业进项税额抵扣证明	11			
当期申报抵扣进项税额合计	12			

二、进项税额转出额		
项　目	栏次	税额
本期进项税转出额	13	
其中：免税货物用	14	
非应税项目用、集体福利、个人消费	15	
非正常损失	16	
按简易征收办法征税货物用	17	
免抵退税办法出口货物不得抵扣进项税额	18	
纳税检查调减进项税额	19	
未经认证已抵扣的进项税额	20	
红字专用发票通知单注明的进项税额	21	

三、待抵扣进项税额				
项　目	栏次	份数	金额	税额
（一）认证相符的防伪税控增值税专用发票	22			
期初已认证相符但未申报抵扣	23			
本期认证相符且本期未申报抵扣	24			
期末已认证相符但未申报抵扣	25			

续表

项　　目	栏次	份数	金额	税额
其中：按照税法规定不允许抵扣	26			
（二）非防伪税控增值税专用发票及其他扣税凭证	27			
其中：海关进口增值税专用缴款书	28			
农产品收购发票或者销售发票	29			
废旧物资发票	30			
运输费用结算单据	31			
5%征收率	32			
3%征收率	33			
	34			
四、其他				
项　　目	栏次	份数	金额	税额
本期认证相符的全部防伪税控增值税专用发票	35			
期初已征税款挂账额	36			
期初已征税款余额	37			
代扣代缴税额	38			

注：第 1 栏＝第 2 栏+第 3 栏＝第 23 栏+第 35 栏-第 25 栏；第 2 栏＝第 35 栏-第 24 栏；第 3 栏＝第 23 栏+第 24 栏-第 25 栏；第 4 栏等于第 5 栏至第 10 栏之和；第 12 栏＝第 1 栏+第 4 栏+第 11 栏；第 13 栏等于第 14 栏至第 21 栏之和；第 27 栏等于第 28 栏至第 34 栏之和。

附表 4-9（1）

编号______

增值税一般纳税人认定申请书

单位名称__________

企业代码章__________

填写说明

1．申请人能履行《中华人民共和国税收征收管理法》《中华人民共和国增值税暂行条例》及实施细则、《中华人民共和国发票管理办法》及实施细则、《增值税一般纳税人申请的认定办法》《增值税专用发票使用规定》以及本市增值税征收管理有关规定的各项义务。

2．申请人（法人代表）保证其提交文件、证件、是真实的、可靠的、完整的。

3．申请人规定的文件、证件应当是原件，确有特殊情况不能提交原件的，应当提交加盖公章的文件、证件复印件。

4．填表应字迹工整，不得涂改，并使用蓝黑或黑色墨水

附表 4-9（2）

一般纳税人认定申请应提交的文件、证件

序号	目　录
1	《增值税一般纳税人申请认定表》一式三份
2	防伪税控联系单
3	法人代表身份证、办税人员身份证及办税证复印
4	营业执照复印件
5	银行账号证明（基本存款账户开户许可证）
6	购买保险箱发票复印件
7	税务代理、咨询证书
8	纳税人的经营场地证明（参照新办）
9	财务报表（提供申请前一个月的财务报表）

附表 4-9（3）

增值税一般纳税人申请认定表

<table>
<tr><td colspan="6">申请单位（公章）</td></tr>
<tr><td>注册地址</td><td colspan="3"></td><td>邮政编码</td><td></td></tr>
<tr><td>经营地址</td><td colspan="3"></td><td>邮政编码</td><td></td></tr>
<tr><td>经济性质</td><td></td><td>职工人数</td><td></td><td>注册资金</td><td></td></tr>
<tr><td>法人代表或企业负责人姓名</td><td colspan="2"></td><td>电话</td><td colspan="2"></td></tr>
<tr><td>承租人或承包人姓名</td><td colspan="2"></td><td>电话</td><td colspan="2"></td></tr>
<tr><td>财务负责人姓名</td><td colspan="2"></td><td>电话</td><td colspan="2"></td></tr>
<tr><td rowspan="2">开户银行</td><td colspan="3"></td><td>结算账号</td><td></td></tr>
<tr><td colspan="3"></td><td>基本账号</td><td></td></tr>
</table>

续表

<table>
<tr><td rowspan="7">年
月至
年
月</td><td rowspan="7">经营情况
（万元）</td><td>项目</td><td>上年实际数或本年预计数</td></tr>
<tr><td>应税销售额合计</td><td></td></tr>
<tr><td>(1) 生产货物销售额</td><td></td></tr>
<tr><td>(2) 加工、修理修配销售额</td><td></td></tr>
<tr><td>(3) 批发零售销售额</td><td></td></tr>
<tr><td>固定资产原值</td><td></td></tr>
<tr><td>固定资产净值</td><td></td></tr>
<tr><td colspan="2">设置账户名称</td><td colspan="2"></td></tr>
<tr><td colspan="2">领取营业执照时间</td><td colspan="2">年　　月　　日</td></tr>
<tr><td colspan="2">领取税务登记时间</td><td colspan="2">年　　月　　日</td></tr>
</table>

附表 4-9（4）

营业执照副本影印件

营业执照副本影印件粘贴处

附表 4-9（5）

企业换发“五证合一”新码营业执照申请书

<table>
<tr><td>企业名称</td><td colspan="5"></td></tr>
<tr><td>原注册号</td><td colspan="2"></td><td colspan="2">统一社会信用代码</td><td></td></tr>
<tr><td>换发依据</td><td colspan="5">国务院办公厅《关于加快推进“五证合一、一照一码”登记制度改革的通知》（国办发〔2016〕53 号）、工商总局等五部门《关于贯彻落实〈国务院办公厅关于加快推进“五证合一”登记制度改革的通知〉的通知》（工商企注字〔2016〕150 号）、××市工商局等五部门《关于实施“五证合一、一照一码”登记制度改革的通知》（×工商管发〔2016〕×号）</td></tr>
<tr><td>企业申请事项</td><td colspan="5">✓ 换发新码营业执照，其中领取副本 1 个；
✓ 备案本企业联络员（见附表）</td></tr>
<tr><td colspan="6">交回原有证照情况</td></tr>
<tr><td rowspan="2"></td><td rowspan="2">证照号码</td><td colspan="2">收回数量</td><td colspan="2">无法提交的原因</td></tr>
<tr><td>正本</td><td>副本</td><td>丢失</td><td>未办理</td></tr>
<tr><td>营业执照</td><td></td><td>1</td><td>1</td><td></td><td></td></tr>
<tr><td>组织机构代码</td><td></td><td>1</td><td>1</td><td></td><td></td></tr>
<tr><td>国税登记证</td><td></td><td>1</td><td>1</td><td></td><td></td></tr>
<tr><td>地税登记证</td><td></td><td></td><td></td><td></td><td></td></tr>
<tr><td>申请人声明</td><td colspan="5">本企业提交的所有申请材料均真实有效。

法定代表人（负责人）签字：　　　　企业公章
年　月　日</td></tr>
<tr><td>工商部门经办人</td><td colspan="2"></td><td>换发时间</td><td colspan="2"></td></tr>
</table>

注：1．此表仅限于企业申请换新码营业执照使用，原营业执照正、副本原件同时收回；

2．相关证照丢失的，应提交发布丢失公告的报纸原件；

3．未办理相关证件的，应提交相关说明材料，并加盖本企业公章；

4．涉及登记事项变更的，仍按企业变更登记程序办理；

5．非独立核算未办理税务登记的企业，应提交书面说明。

联络员信息

填报单位：（企业盖章）

<table>
<tr><td>姓名</td><td></td><td>固定电话</td><td></td></tr>
<tr><td>移动电话</td><td></td><td>电子邮箱</td><td></td></tr>
<tr><td>身份证件类型</td><td></td><td>身份证件号码</td><td></td></tr>
<tr><td colspan="4">（身份证件复印件粘贴处）</td></tr>
</table>

指定代表或者共同委托代理人授权委托书

申 请 人：

指定代表或者委托代理人：

委托事项及权限：

1．办理＿＿＿＿＿＿＿＿＿（企业名称）的

□名称预先核准　□设立　□变更　□注销　□备案　□撤销变更登记

□股权出质（□设立　□变更　□注销　□撤销）其他＿＿手续。

2．同意□不同意□核对登记材料中的复印件并签署核对意见。

3．同意□不同意□修改企业自备文件的错误。

4．同意□不同意□修改有关表格的填写错误。

5．同意□不同意□领取营业执照和有关文书。

指定或者委托的有效期限：自　　年　　月　　日至　　年　　月　　日

<table>
<tr><td rowspan="3">指定代表或委托代理人或者经办人信息</td><td>签　　字：</td></tr>
<tr><td>固定电话：</td></tr>
<tr><td>移动电话：</td></tr>
<tr><td colspan="2">（指定代表或委托代理人、具体经办人身份证明复印件粘贴处）</td></tr>
</table>

（申请人盖章或签字）

年　　月　　日

营业执照遗失补领/换发申请提交材料规范

1．法定代表人签署、企业/公司加盖公章的《企业营业执照补换申请表》；为营业单位的，提交负责人签署、企业盖章的《企业营业执照补换申请表》。

2．法定代表人签署的营业执照遗失补领/换发申请报告(内容包括：执照遗失的情况；由公司／企业加盖公章)。

3．公司／企业签署的《指定代表或者共同委托代理人的证明》(公司／企业加盖公章)及指定代表或委托代理人的身份证件复印件。

应标明指定代表或者共同委托代理人的办理事项、权限、授权期限。

4．刊登营业执照遗失并声明作废公告的报纸报样（因损坏、年检章盖满而补领营业执照的，无须提交）。

5．公司（企业）营业执照副本（营业执照全部遗失无法提交的则无须提交）。

注：

1．《企业营业执照补换申请表》《指定代表或者共同委托代理人的证明》可以到工商行政管理机关领取。

2．提交的申请书与其他申请材料应当为 A4 规格的纸。

以上各项未注明提交复印件的应当提交原件。

附表 4-9（6）

经营场地（公司住所）证明影印件

名称	
住所	市 区（县）
产权 单位 证明	本房产产权归__________所有，同意将__________m² 以__________方式提供给企业使用，期限为________年。 产权单位法人代表（或负责人）签字 产权单位公章 年 月 日
其他需要 证明的 情况	证明单位（公章） 年 月 日
说明	1．应另附产权影印件并加盖产权单位公章； 2．无产权证的由产权单位的上级在其他需证明的情况栏内说明情况； 3．房产使用期限不得少于一年； 4．产权提供方式指无偿、租赁等； 5．如果租用私房，应在产权单位证明栏内由产权所有人签字

附表 4-9（7）

产权单位房证复印件或租赁协议复印件 粘贴处

附表 4-9（8）

主管税务机关认定审批意见表

<table>
<tr><td rowspan="3">基层税务（征收）所</td><td>税务所
（征收所）
核查人
签注意见</td><td>核查人签字： 年 月 日</td></tr>
<tr><td>税务所
（征收所）
负责人
签注意见</td><td>税务所公章

所长签字： 年 月 日</td></tr>
<tr><td>建议临时认定
时间</td><td>自 年 月 日至 年 月 日</td></tr>
<tr><td rowspan="2">上一级税务机关</td><td>主管科
核查人意见</td><td>核查人签字： 年 月 日</td></tr>
<tr><td>主管科
审批意见</td><td>主管科公章

科长签字： 年 月 日</td></tr>
<tr><td colspan="3">增值税一般纳税人（认定专用章）或
增值税临时一般纳税人（认定专用章）
年 月 日</td></tr>
</table>

注：本表由税务部门填写。

附表 4-10

一般纳税人认定核查报告单

企业名称				企业代码	
法定代表人		身份证号码		联系电话	
财务人员		身份证号码		联系电话	
开票人员		身份证号码		联系电话	
聘请代理记账或税务申报机构名称				代理期限	
工商注册地址				面　积	
经营详细地址				面　积	
库房地址				面　积	
工商执照号码				注册时间	
税务登记号码				登记时间	
注册资金（万元）		公司形式		职工人数	
实缴注册资金		经营方式		开业日期	
主营项目或产品		行业类型		适用税率	
小规模达标日期		达标收入		已纳税额	
申请认定资格日期		初审日期		约谈日期	
实地核查日期		认定类型		电子申报方式	
法定负责人或（负责人）签字： 年　月　日					
管理所核查人员签字： 年　月　日					
所长或（负责人）签字： 年　月　日					

注：此表由核查人员填写，一式二份，随“增值税一般纳税人申请认定表”一并归档。

附表 4-11

辅导期一般纳税人跟踪情况反馈单

企业名称		纳税人识别号	
经营地址		联系电话	

跟踪项目 \ 跟踪结果	税务登记变更前内容	税务登记变更后内容
注册地址		
经营地址		
法定代表人		
联系电话		

辅导期间的纳税情况（单位：元）

项目名称	第一次跟踪（所属月份：自　月至　月）		第二次跟踪（所属月份：自　月至　月）		第三次跟踪（所属月份：自　月至　月）	
	申报	审核	申报	审核	申报	审核
应税销售额						
销项税额						
进项税额						
增值税发票抵扣额						
农产品发票抵扣额						
废旧物资抵扣额						
运费发票抵扣额						
待抵扣进项税额						
上期留抵税额						
应纳税额						
已纳税额						
税负（%）						
管理员						
跟踪时间						

需要说明的问题：

（所章）

年　　月　　日

填表说明：1．本表一式二份，由税务管理员填写，一份随辅导期一般纳税人转正资料上报，一份由管理所存档。

2．重点跟踪期限不得少于 3 个月。

3．“纳税情况”相关栏目填写口径为累计数。

十、本部分附录

附录 1

小企业会计科目表

编号	会计科目名称	编号	会计科目名称
	一、资产类	2202	应付账款
1001	库存现金	2203	预收账款
1002	银行存款	2211	应付职工薪酬
1012	其他货币资金	2221	应交税费
1101	短期投资	2231	应付利息
1121	应收票据	2232	应付利润
1122	应收账款	2241	其他应付款
1123	预付账款	2401	递延收益
1131	应收股利	2501	长期借款
1132	应收利息	2701	长期应付款
1221	其他应收款		三、所有者权益类
1401	材料采购	3001	实收资本
1402	在途物资	3002	资本公积
1403	原材料	3101	盈余公积
1404	材料成本差异	3103	本年利润
1405	库存商品	3104	利润分配
1407	商品进销差价		四、成本类
1408	委托加工物资	4001	生产成本
1411	周转材料	4101	制造费用
1421	消耗性生物资产	4301	研发支出
1501	长期债券投资	4401	工程施工
1511	长期股权投资	4403	
1601	固定资产		五、损益类
1602	累计折旧	5001	主营业务收入
1604	在建工程	5051	其他业务收入
1605	工程物资	5111	投资收益
1606	固定资产清理	5301	营业外收入
1621	生产性生物资产	5401	主营业务成本
1622	生产性生物资产累计折旧	5402	其他业务成本
1701	无形资产	5403	税金及附加
1702	累计摊销	5601	销售费用
1801	长期待摊费用	5602	管理费用
1901	待处理财产损溢	5603	财务费用
	二、负债类	5711	营业外支出
2001	短期借款	5801	所得税费用
2201	应付票据		

附录 2

小企业资产负债表

会小企 01 表

编制单位：　　　　　　　　　　　　年　　月　　日　　　　　金额单位：元（列至角分）

资产	行次	期末余额	年初余额	负债及所有者权益	行次	期末余额	年初余额
流动资产：	1			流动负债：	33		
货币资金	2			短期借款	34		
短期投资	3			应付票据	35		
应收票据	4			应付账款	36		
应收账款	5			预收账款	37		
预付账款	6			应付职工薪酬	38		
应收股利	7			应交税费	39		
应收利息	8			应付利息	40		
其他应收款	9			应付利润	41		
存货	10			其他应付款	42		
其中：原材料	11			其他流动负债	43		
在产品	12			流动负债合计	44		
库存商品	13			非流动负债：	45	—	—
周转材料	14			长期借款	46		
其他流动资产	15			长期应付款	47		
流动资产合计	16			递延收益	48		
非流动资产：	17			其他非流动负债	49		
长期债券投资	18			非流动负债合计	50		
长期股权投资	19			负债合计	51		
固定资产原价	20						
减：累计折旧	21						
固定资产账面价值	22						
在建工程	23						
工程物资	24						
固定资产清理	25						
生产性生物资产	26			所有者权益（或股东权益）：	52		
无形资产	27			实收资本（或股本）	53		
开发支出	28			资本公积	54		
长期待摊费用	29			盈余公积	55		
其他非流动资产	30			未分配利润	56		
非流动资产合计	31			所有者权益（或股东权益）合计	57		
资产总计	32			负债和所有者权益（或股东权益）总计	58		

附录 3

小企业利润表

会小企 02 表

编制单位:　　　　　　　　　　　　年　　月　　日　　　　　　　　　　　　单位：元

项　　目	行次	本年累计金额	本月金额
一、营业收入	1		
减：营业成本	2		
税金及附加	3		
其中：消费税	4		
城市维护建设税	5		
资源税	6		
土地增值税	7		
城镇土地使用税、房产税、车船税、印花税	8		
教育费附加、矿产资源补偿费、排污费	9		
销售费用	10		
其中：商品维修费	11		
广告费和业务宣传费	12		
管理费用	13		
其中：开办费	14		
业务招待费	15		
研究费用	16		
财务费用	17		
其中：利息费用（收入以“－”填列）	18		
加：投资收益（损失以“－”填列）	19		
二、营业利润（亏损以“－”号填列）	20		
加：营业外收入	21		
其中：政府补助	22		
减：营业外支出	23		
其中：坏账损失	24		
无法收回的长期债券投资损失	25		
无法收回的长期股权投资损失	26		
自然灾害等不可抗力因素造成的损失	27		
税收滞纳金	28		
三、利润总额（亏损总额以“－”号填列）	29		
减：所得税费用	30		
四、净利润（净亏损以“－”号填列）	31		

附录 4

小企业现金流量表

会小企 03 表

编制单位: 年 月 日 单位: 元

项目	行次	本年累计金额	本月金额
一、经营活动产生的现金流量:			
销售产成品、商品、提供劳务收到的现金	1		
收到其他与经营活动有关的现金	2		
购买原材料、商品、接受劳务支付的现金	3		
支付的职工薪酬	4		
支付的税费	5		
支付其他与经营活动有关的现金	6		
经营活动产生的现金流量净额	7		
二、投资活动产生的现金流量:			
收回短期投资、长期债券投资和长期股权投资收到的现金	8		
取得投资收益收到的现金	9		
处置固定资产、无形资产和其他非流动资产收回的现金净额	10		
短期投资、长期债券投资和长期股权投资支付的现金	11		
购建固定资产、无形资产和其他非流动资产支付的现金	12		
投资活动产生的现金流量净额	13		
三、筹资活动产生的现金流量:			
取得借款收到的现金	14		
吸收投资者投资收到的现金	15		
偿还借款本金支付的现金	16		
偿还借款利息支付的现金	17		
分配利润支付的现金	18		
筹资活动产生的现金流量净额	19		
四、现金净增加额	20		
加: 期初现金余额	21		
五、期末现金余额	22		

十一、本部分主要经济业务注释

（一）4 月份经济业务注释

业务（2）中企业与开户行的有关结算业务，需要填写有关凭证，如支票（现金支票和转账支票）、进账单、电汇凭证等，这些凭证都需要企业从开户银行购买，既可以现金支付，也可以转账支付（该企业通过转账支付），购买时除支付凭证费用外，还需要支付相关的手续费，由于此项费用一般较少，所以同手续费一并计入“财务费用”账户。

业务（4），企业在开办过程中发生的费用，一般包括企业登记费、企业公告费、营业执照工本费、银行开户许可证、查询卡办理费、刻章等费用，这些费用都计入“管理费用”账户。

业务（5）中的发票是证明企业经营活动的原始凭证，购买其支付的款项应计入“管理费用”账户。

业务（7）中的筹建期间应付工资计入“管理费用”账户，同时贷记“应付职工薪酬”。

业务（8）中，企业以电汇方式付出款项时，应填写一式三联的电汇凭证，在第二联加盖银行预留印鉴，其中第一联（回单联）银行盖章后作为付款方付出款项的原始凭证，支付的邮电费和手续费计入“财务费用”账户。

业务（9）中，企业预收货款时，应贷记“预收账款”账户，特别要注意反映预收账款的二级明细单位。

业务（10）中，企业购买的汽车坐垫为企业经营的商品，计入“库存商品”。

（二）5 月份经济业务注释

业务（3）中，企业支付工资费用时，应借记“应付职工薪酬”。

业务（4）中，该企业本月为小规模纳税人，销售商品开具的普通发票应以不含税价 6 796.12［7 000/（1+3%）］元计入“主营业务收入”，“应交税费——应交增值税”账户为 203.88 元（6 796.12×3%），发货费用全部计入“销售费用”账户。

业务（5）中的技术服务收入计入“其他业务收入”。

业务（6）中的利息收入应贷记“财务费用”账户，登记财务费用明细账时，可用红字登记在借方。

业务（10）中，企业按照本月应缴纳的增值税计算城市维护建设税、教育费附加和地方教育费附加，应借记“税金及附加”。

（三）6 月份经济业务注释

业务（3）中，辅导期纳税人在购入商品的当月，要先将收到的增值税发票抵扣联到主管税务机关进行信息采集，对于等待比对结果的进项税额，借记“应交税费——待抵扣进项税额”科目，另外 4 月份已预付广州胜利汽配厂购货款，商品验收入库后，贷记“预付账款”。

业务（5）中，企业为辅导期纳税人，待抵扣进项税额不能抵扣，所以本月应按销项税额 1 458.76 元来计算应缴纳的城市维护建设税、教育费附加和地方教育费附加。

第五部分　工业企业综合模拟实训

实务链接

4 个基本调账的方法

【案例一】某公司 2018 年从股东处借款 200 万元，后该笔借款因故无须偿还。但由于挂账时间太长需要进行账务处理，而公司又不想将无法支付的应付款项转为公司的“营业外收入”，于是会计做了如下调账分录。

借：其他应付款——股东　　　　　　　　　　2 000 000

　贷：资本公积　　　　　　　　　　　　　　2 000 000

2019 年下半年当地税务局在进行纳税评估过程中，发现了隐藏在资本公积中的疑点数字 100 万元收益，依法要求企业调增了 2018 年度的应纳税所得额，并补缴了 25 万元的企业所得税以及滞纳金等。

【参考政策】根据《中华人民共和国企业所得税法》第六条以及《中华人民共和国企业所得税法实施条例》第二十一条的规定，企业接受的来自其他企业、组织或者个人无偿给予的货币性资产、非货币性资产为捐赠收入，应当计算缴纳企业所得税。

【案例二】某企业 2020 年 6 月取得 1 份 18 万元的开票日期为 2019 年 12 月的费用发票，能否计入 2020 年费用税前扣除？

这个问题也要分情况来答复。

情形一：若是发票所载费用 18 万元是 2019 年度实际发生的，则应该在 2019 年税前扣除，不得在 2020 年税前扣除。

情形二：若是发票所载费用 18 万元是 2020 年度实际发生的，虽然开票日期在 2019 年度，但这种情况下该笔 18 万元的费用允许在 2020 年税前扣除。

【提醒】企业所得税收入费用遵循的是权责发生制。《中华人民共和国企业所得税法实施条例》第九条规定，企业应纳税所得额的计算，以权责发生制为原则，属于当期的收入和费用，不论款项是否收付，均作为当期的收入和费用；不属于当期的收入和费用，即使款项已经在当期收付，均不作为当期的收入和费用。本条例和国务院财政、税务主管部门另有规定的除外。

调账在经济生活中，一般指的是会计账务处理的一个内容，即会计调整账务，以还原经济业务的真实面目为前提，调账必须合理合法，有根有据。会计调账的 4 个基本方法如下。

1．追溯调整法

追溯调整法是指对某项交易或事项变更会计政策时，如同该交易或事项初次发生时就开始采用新的会计政策，并以此对相关项目进行调整。即应当计算会计政策变更的累计影响数，并相应调整变更年度的期初留存收益以及会计报表的相关项目。

追溯调整法的运用如下。

第一步，计算累计影响数。

第二步，进行相关的账务处理（调账），对留存收益（包括法定盈余公积、法定公益金、任意盈余公积及未分配利润，外商投资企业还包括储备基金、企业发展基金）进行调账。

第三步，调整相关的会计报表，在提供比较会计报表时，要对受影响的各期间会计报表的相关项目进行调整。

第四步，在表外进行披露，即在财务报告附注中进行说明。

2．未来适用法

未来适用法指将变更后的会计政策应用于变更日及以后发生的交易或者事项，或者在会计估计变更当期和未来期间确认会计估计变更影响数的方法。即指对某项交易或事项变更会计政策时，新的会计政策适用于变更当期及未来期间发生的交易或事项。即不计算会计政策变更的累计影响数，也不必调整变更当年年初的留存收益，只在变更当年采用新的会计政策。根据披露要求，企业应计算确定会计政策变更对当期净利润的影响数。

3．红字更正法

红字更正法又叫赤字冲账法。它是指记账凭证的会计分录或金额发生错误，且已入账。更正时，用红字填制内容相同的记账凭证，冲销原有错误记录，并用蓝字填制正确的记账凭证，据以入账的一种更正错账的方法。

4．补充登记法

补充登记法适用于记账后发现记账凭证中应借、应贷的会计科目正确，但所填的金额小于正确金额的情况。

采用补充登记法时，将少填的金额用蓝字填制一张记账凭证，并在“摘要”栏内注明“补充第×号凭证少计数”，并据以登记入账。这样便将少记的金额补充登记入账了。

一、实训目的和要求

（一）实训目的

通过该项模拟实训，学生能系统地练习工业企业会计核算的基本程序和具体方法，并加强对所学专业理论知识的理解，培养基本操作技能和动手能力，熟悉经济业务的账务处理方法。本实训是对学生所学专业知识的一个综合检验。

本项实训突出综合性、完整性，以飞翔股份有限公司为例，提供了从建账到日常会计核算，计算产品的成本、计算利润并进行利润的分配直至最后编制财务报表全部过程的会计资料。该实训可以使学生掌握会计账务处理的全过程，使其进一步理解和掌握会计的基础理论、基本方法和基本技能，而且能使学生切身体会出纳、材料核算、成本核算、记账等会计岗位的具体工作，从而对工业企业的会计核算过程有一个比较系统、完整的认识，最终达到会计理论与会计实践融会贯通的目的。

（二）实训要求

常用会计科目表

（1）实训中所用会计科目，按照《企业会计准则——应用指南》中的相关规定设置。

（2）根据“建账资料”2019 年 12 月月初各账户余额，开设总分类账户、明细分类账户及库存现金日记账、银行存款日记账，将余额记入余额栏，在摘要栏填写“承前页”。另外，按照经济业务的发生情况增设相关账户。

（3）现金支票、转账支票、银行汇票委托书、进账单等原始凭证，需根据经济业务由学生自己填制完成。

（4）记账凭证分收款凭证、付款凭证与转账凭证三类，分别编制，分别顺序编号。

（5）严格按照《会计法》《会计基础工作规范》及有关规定进行会计凭证的填制与审核，并严格按照规定的方法与程序进行记账、对账、结账和编制会计报表，发现错账，应采用正确的错账更正方法进行更正。

（6）账簿启用时，应在其扉页载明企业名称、启用日期、起始页数、会计主管人员和记账人员姓名，并签名或盖章。

（7）年度终了，编制会计报表及纳税申报表。

（8）年度终了，所有会计凭证、账簿及会计报表应按照会计档案管理要求进行归档保管。

二、模拟实训资料

（一）模拟企业基本情况介绍

企业名称：飞翔股份有限公司

注册地址：山东省泰安市文化路 44 号

联系电话：0538–8332382

法定代表人：王成

注册资本：人民币 2 000 万元

企业类型：工业企业

经营范围：生产销售洗衣机Ⅰ和洗衣机Ⅱ等十几种型号产品，其大部分业务为内销，有小部分产品自营出口。

纳税人登记号：370900100121060×××

基本存款账户：中国工商银行泰安支行财院分理处　账号：22126069260

美元结算账户：中国工商银行泰安支行财院分理处　账号：22126069261

证券资金账户：光大证券公司　账号：168–2547897

（二）生产工艺流程

该企业设有三个基本生产车间：铸工车间、机加车间和装配车间；设有一个辅助生产车间：机修车间，负责对全厂机器设备的维修。

该企业产品生产工艺流程是：首先由铸工车间根据生产计划浇铸各种铸件，经检验合格后送交自制半成品仓库；机加车间自仓库领用自制半成品，经过不同的工序加工成不同的零部件，经检验合格后，直接送交装配车间；装配车间将收到的各种零部件连同从仓库领来的各种外购件组装成各种型号的洗衣机，经验收合格后送交产成品仓库。

三、企业主要会计政策与会计核算方法

（一）账务处理程序

该企业采用科目汇总表核算形式，在每月的 10 日、20 日和 31 日编制科目汇总表，并登记总账，其处理程序如图 5-1 所示。

（1）根据原始凭证或汇总原始凭证填制记账凭证。

（2）根据收款凭证、付款凭证、转账凭证，逐笔登记库存现金日记账和银行存款日记账。

（3）根据记账凭证并参考原始凭证登记各种明细分类账。

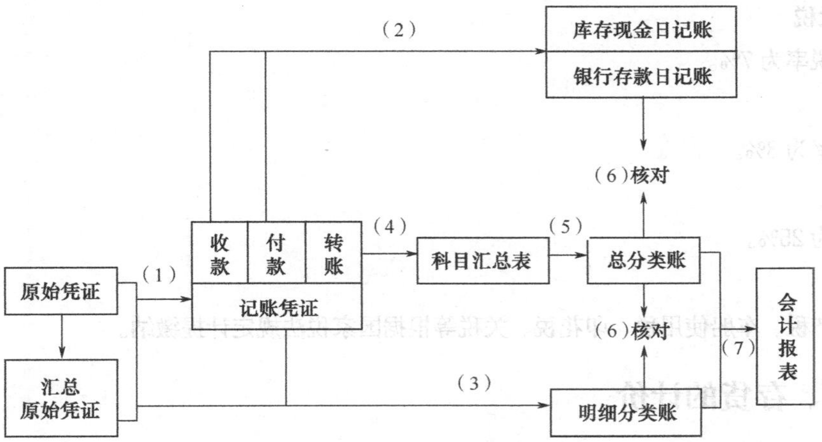

图 5-1　科目汇总表核算形式图

登记明细账

登记日记账

（4）根据记账凭证编制科目汇总表。

（5）根据科目汇总表登记总分类账。

（6）月末，将库存现金日记账、银行存款日记账和各种明细分类账的余额与总分类账的有关账户的余额核对。

（7）月末，根据总分类账和明细分类账的资料编制会计报表。

（二）货币资金的核算

货币资金由出纳人员负责管理和核算，必须遵守如下规定。

（1）库存现金限额 5 000 元，要随支随提，及时补充限额。

（2）收入现金必须向对方开具收据作为收款的凭据。

（3）支付给职工的现金借款、费用报销款的原始凭证必须是经领导批准签字的“借款申请单”或“报销单”。

（4）通过银行支付的款项（支票、银行本票、银行汇票、汇兑等方式），必须有经领导批准签字的“付款申请单”，方可办理转账。

（5）签发支票时，不准开出空白支票或空头支票，如确实无法填写收款人及金额时，必须填写日期、限额及用途。支票和支票的印鉴必须由两人分管。

（三）辅助生产费用的分配方法

机修车间所发生的费用直接计入“生产成本——辅助生产成本（机修车间）”账户，并按各受益部门实际耗用修理工时的比例分配。

（四）税金及附加的计提

1．增值税

该企业为一般纳税人，增值税税率为 13%。

2．城市维护建设税

城市维护建设税税率为 7%。

3．教育费附加

教育费附加征收率为 3%。

4．企业所得税

企业所得税税率为 25%。

5．其他税

企业所负担的房产税、车船使用税、印花税、关税等根据国家税法规定计提缴纳。

（五）在产品、存货的计价

原材料按投料率计算，其他项目按工时比例计算。存货的计价采用的是实际成本法。

（六）利润的分配

（1）亏损的弥补按税法规定进行。

（2）盈余公积提取比例为：法定盈余公积为 10%，任意盈余公积为 5%。

（3）应付给投资者的利润，由董事会根据当年的获利情况确定。

四、建账资料

（一）总分类账户期初余额

飞翔股份有限公司 2019 年 12 月总分类账户期初余额如表 5-1 所示。

表 5-1　　2019 年 12 月月初总账账户期初余额表　　单位：元

账户名称	借方余额	贷方余额
库存现金	2 970.00	
银行存款	452 000.00	
应收票据	50 000.00	
应收账款	301 000.00	
其他应收款	6 000.00	
原材料	380 000.00	
周转材料	5 400.00	
自制半成品	388 066.00	
库存商品	61 800.00	
生产成本	178 423.99	
交易性金融资产	121 800.00	
长期股权投资	100 000.00	
固定资产	2 474 000.00	
累计折旧		620 000.00
无形资产	100 000.00	
短期借款		683 265.99
应付票据		316 000.00
应付账款		70 000.00
应交税费		90 510.00
应付职工薪酬		455 321.38
其他应付款		460.00
应付利息		20 000.00
实收资本		1 300 000.00
资本公积		75 000.00
盈余公积		62 040.00
利润分配		98 862.62
本年利润		830 000.00
合计	4 621 459.99	4 621 459.99

（二）明细账户余额

2019 年 12 月 1 日，飞翔股份有限公司有关明细账户余额如下。

（1）“原材料”

1#材料 30 000 千克，每千克 4.10 元，计 123 000.00 元；

2#材料 59 000 千克，每千克 3 元，计 177 000.00 元；

外购 1#材料 20 000 千克，每千克 4 元，计 80 000.00 元。

（2）“生产成本”（见表 5–2）

表 5–2　　“生产成本”明细项目表

车间	产品名称	直接材料	直接人工	制造费用	合计
机加车间	洗衣机Ⅰ	45 490.00	15 000.00	10 000.00	70 490.00
	洗衣机Ⅱ	35 370.00	12 000.00	8 000.00	55 370.00
	小计	80 860.00	27 000.00	18 000.00	125 860.00
装配车间	洗衣机Ⅰ	13 886.00	1 881.60	7 151.11	22 918.71
	洗衣机Ⅱ	17 064.00	2 620.80	9 960.48	29 645.28
	小计	30 950.00	4 502.40	17 111.59	52 563.99

（3）“自制半成品”（见表 5–3）

表 5–3　　“自制半成品”明细项目表

名称	计量单位	数量	实际单位成本	总成本
铸件	吨	70	5 543.80	388 066.00

（4）“库存商品”（见表 5–4）

表 5–4　　“库存商品”明细项目表

名称	计量单位	数量	实际单位成本	总成本
洗衣机Ⅰ	台	20	1 250.00	25 000.00
洗衣机Ⅱ	台	23	1 600.00	36 800.00
合计	台	43	2 850.00	61 800.00

（5）“周转材料——低值易耗品”

低 1#，100 件，54 元/件，计 5 400 元。

（6）“生产成本——辅助生产”（见表 5–5）

表 5-5 "生产成本——辅助生产"明细项目表

工资及福利费	折旧费	财产保险费及修理费	低值易耗品及材料消耗	水电费	办公费	其他

(7)"制造费用"(见表 5-6)

表 5-6 "制造费用"明细项目表

工资及福利费	折旧费	财产保险费及修理费	低值易耗品及材料消耗	水电费	办公费	其他

(8)"管理费用"(见表 5-7)

表 5-7 "管理费用"明细项目表

交通、差旅费	交际应酬费	通信费	水电费	物料消耗	折旧及无形资产摊销	工资及三项经费	五险一金	财产保险费及修理费	其他

(9)2019 年 12 月份产品产量记录(见表 5-8)

表 5-8 产品产量记录 单位:台

车间	名称	月初在产品	本月投产	本月完工	月末在产品	投料率
机加车间	洗衣机Ⅰ	16	233	240	9	100%
	洗衣机Ⅱ	28	158	180	6	100%
装配车间	洗衣机Ⅰ	12	234	240	6	100%
	洗衣机Ⅱ	23	164	180	7	100%

(10)2019 年 12 月份产品生产工时记录(见表 5-9)

表 5-9 产品生产工时记录 单位:小时

车间	名称	月初在产品	本月投产	合计	本月完工	月末在产品
机加车间	洗衣机Ⅰ	1 008	11 607	12 615	12 320	295
	洗衣机Ⅱ	1 152	10 293	11 445	10 560	885
装配车间	洗衣机Ⅰ	448	13 668	14 116	12 800	1 316
	洗衣机Ⅱ	624	13 132	13 756	12 768	988

五、2019 年 12 月份发生的经济业务

(1)1 日,接银行通知,收到东风公司投资 10 000.00 元。

(2)1 日,签发现金支票一张,提取现金 4 000.00 元备用(要求:签发现金支票)。

（3）1 日，销售员刘成出差预借差旅费 1 000.00 元，出纳人员以库存现金付讫（要求：填制借款单）。

（4）2 日，向银行申请银行汇票一张，票面金额 60 000.00 元，收款人为天津耀发模具厂，交采购员王严采购低 1#（要求：填制银行汇票申请书）。

（5）3 日，接银行通知，黄海公司还来前欠货款 8 000.00 元，已存入银行存款户。

（6）4 日，收到北京博大进出口贸易公司交来支票一张，金额为 293 000.00 元，系偿还上月购货所欠货款（要求：填制银行进账单）。

（7）5 日，向天津耀发模具厂采购的低 1#900 件已验收入库，增值税发票上列明价款 48 600.00 元，税额 6 318.00 元，用本月 2 日签发的银行汇票结算，实际结算金额为 54 918.00 元。

（8）6 日，向上海公司购入 1#材料，共需支付 27 120.00 元，已通过银行以委托收款方式付清。

（9）7 日，收到银行通知，采购低 1#的银行汇票结算多余款 5 082.00 元，已划回收账。

（10）8 日，采购员于华申请银行承兑汇票一张，金额为 111 192.00 元，期限为 2 个月，向力成精密电路公司购入外购 1#24 600 千克，增值税发票上列明价款为 98 400.00 元，税额为 12 792.00 元，货已验收入库。

（11）9 日，上述向上海公司购入的 1#材料运达企业并已验收入库，按其实际成本结转。

（12）10 日，销售给徐州公司洗衣机Ⅰ产品款已收到并存入银行。

（13）11 日，售给长江公司洗衣机Ⅱ，收到期限为六个月的银行承兑汇票。

（14）12 日，仓库发出下列材料，其用途如表 5-10 所示。

表 5-10　　发出材料及用途

用　途	1#材料		2#材料		合计（元）
	数量（千克）	金额（元）	数量（千克）	金额（元）	
生产洗衣机Ⅰ	10 000	41 000	8 200	24 600	65 600
生产洗衣机Ⅱ	6 000	24 600	12 300	36 900	61 500
行政管理部门			820	2 460	2 460
合　计	16 000	65 600	21 320	63 960	129 560

（15）13 日，开出 60 000.00 元的转账支票一张，通过希望工程基金会捐赠山区小学。

（16）14 日，销售员刘成报销差旅费 600.00 元，余款 400.00 元交还出纳。

（17）该企业的工资制度是每月 15 日前计算并发放上月工资，出勤按上月实际情况考核。15 日，签发支票一张，委托银行代发工资，实发工资总额为 455 321.38 元，支付银行手续费 200.00 元（凭证略）。

（18）15 日，以银行存款缴纳上月各种税金及教育费附加。

（19）16 日，国家投入新设备一台，交付车间使用。

（20）17 日，向聊城公司购入材料，已验收入库，款暂欠。

（21）18 日，销售产品洗衣机Ⅰ和洗衣机Ⅱ，已办妥委托收款手续。

（22）20 日，偿还聊城公司购料款 90 965.00 元。

（23）20 日，向银行申请取得三个月借款，已办妥。

（24）20 日，购买办公用品，以现金支付。

（25）21 日，接银行通知，企业对外投资分来投资收益，已收妥入账。

（26）21 日，经董事会批准，将盘亏的电动机一台（电动机的原价为 25 000.00 元，估计折旧 5 000.00 元，净值 20 000.00 元），转做营业外支出。

（27）22 日，以银行存款支付广告费 5 000.00 元。

（28）22 日，以银行存款支付下一年财产保险费 4 800.00 元。

（29）23 日，北京博大贸易进出口公司采购洗衣机Ⅰ100 台，不含税单价 2 000.00 元/台，洗衣机Ⅱ100 台，不含税单价 3 000.00 元/台，货已发出，并向中国工商银行办妥托收承付结算手续（要求：开具增值税专用发票，填制产成品出库单和托收承付凭证）。

（30）23 日，以银行存款从某科研所购入专利权一项，已办妥有关手续。

（31）24 日，以银行存款购入新设备一台，价值 20 000.00 元，增值税税率为 13%，已交付使用。

（32）24 日，收到四季度银行存款利息 1 482.50 元。

（33）25 日，以现金支付合同滞纳赔偿金 1 000.00 元。

（34）25 日，收到罚款收入，存入银行。

（35）26 日，接受外商捐赠全新设备一台。该磨床的市场价格为 180 000.00 元。

（36）26 日，经批准，将资本公积 30 000.00 元转增资本。

（37）27 日，以银行存款 2 000.00 元支付抗洪救灾捐款。

（38）28 日，计提本月固定资产折旧。

铸工车间：20 600.00 元，机加车间：47 000.00 元，装配车间：52 900.00 元，机修车间：19 600.00 元，管理部门：57 607.00 元。

（39）29 日，以银行存款支付本月电费。

（40）31 日，按生产工时比例结转机加车间、装配车间的制造费用（要求：编制各车间制造费用分配表）。

（41）31 日，计算并结转铸工车间自制半成品（铸件）的成本，本月铸件完工 5 吨。月末，无在产品。

（42）31 日，采用全月一次加权平均法计算并结转领用铸件的成本，本月领用铸件 65 吨，其中 35 吨用于生产洗衣机Ⅰ，30 吨用于生产洗衣机Ⅱ。

（43）31 日，结转本月完工产品的成本，本月完工洗衣机Ⅰ240 台，洗衣机Ⅱ180 台。

（44）31 日，采用全月一次加权平均法，结转各产品销售成本。

（45）31 日，计提应缴纳的城市维护建设税和教育费附加。

实务中计提应交税费的会计分录做在税款所属当月，网上申报和缴纳税款工作在税款所属的次月 15 日前完成。

（46）31 日，根据证券交易所公布的有关数据，公司持有的交易性金融资产的市值为

128 700.00 元。

（47）31 日，核定非流动资产的减值情况，其中长期股权投资本年度无减值损失；因技术发展，公司原有的非专利技术已贬值，计提无形资产减值准备 30 000.00 元。

（48）31 日，收到接受投资单位报送的本年度利润表，有关资料如表 5-11 所示。

表 5-11　投资单位报送的本年度利润表

接受投资单位名称	本单位出资比例	本年净利润（元）
弗莱服装有限公司	45%	200 000.00
风帆电机厂	30%	−25 800.00

（49）31 日，将损益类账户余额转入“本年利润”账户。

（50）31 日，按照利润总额的 25%计算和结转本年的所得税。

（51）31 日，将全年净利润转入“利润分配——未分配利润”账户。

（52）31 日，分别按全年税后利润的 10% 提取法定盈余公积，按全年税后利润的 5% 提取任意盈余公积，向投资者分配股利 9 000.00 元，尚未发放。

（53）31 日，将“利润分配”账户其余各明细账户的余额转入“利润分配——未分配利润”。

六、记录及证明经济业务发生的原始凭证

经济业务（1）

中国工商银行　电汇凭证（收账通知）　　**委托号码：000069**

委托日期　2019年12月1日　　　　第　4　号

<table>
<tr><td rowspan="3">汇款人</td><td>全称</td><td>东风公司</td><td rowspan="3">收款人</td><td>全称</td><td colspan="2">飞翔股份有限公司</td></tr>
<tr><td>账号或地址</td><td>3674515638</td><td>账号或地址</td><td colspan="2">22126069260</td></tr>
<tr><td>开户银行</td><td>中国工商银行郑州营业部</td><td>开户银行</td><td colspan="2">中国工商银行泰安支行财院分理处</td></tr>
<tr><td>委收金额</td><td colspan="4">人民币（大写）壹万元整</td><td colspan="2">千 百 十 万 千 百 十 元 角 分
　　 ¥ 1 0 0 0 0 0 0</td></tr>
<tr><td>款项内容</td><td>投资</td><td>委托收款凭据名称</td><td colspan="2">发票</td><td>附寄单证张数</td><td>2</td></tr>
<tr><td colspan="5">备注：</td><td>款项收妥日期
年　月　日</td><td>收款人开户行
盖章　月　日</td></tr>
</table>

单位主管　　　会计　　　复核　　　记账

经济业务（2）

<table>
<tr><td>中国工商银行
现金支票存根
LⅣ00000000
附加信息

出票日期　年　月　日
收款人：
金额：
用途：
单位主管　　会计</td><td>中国工商银行 现金支票　　LⅣ00000000
出票日期（大写）　　年　月　日　　付款行名称：
收款人：　　出票人账号
本支票付款期限十天
人民币（大写）　　亿 千 百 十 万 千 百 十 元 角 分
用途
上列款项请从
我账户内支付
出票人签章
复核　　记账</td></tr>
</table>

经济业务（3）

借款单（副联）

年 月 日

今借到人民币（大写）____________________ ¥ ________
其中：支票____________________现金________________
系作____________________________________之用
批准人 负责人 借款人

经济业务（4）

________银行汇票申请书（存根） 1

第 号

申请日期 年 月 日

申请人		收款人											
账号 或住址		账号 或住址											
用途		代理 付款行											
汇票金额	人民币 （大写）			千	百	十	万	千	百	十	元	角	分

此联出票行给汇款人的回单

上列款项请从我账户内支付

科 目（借）____________________

对方科目（贷）____________________

申请人盖章

财务主管 复核 经办

经济业务（5）

中国工商银行 信汇凭证　　第 5 号

委托日期 2019 年 12 月 3 日

汇款人	全称	黄海公司			收款人	全称	飞翔股份有限公司		
	账号或地址	116600004101				账号或地址	22126069260		
	汇出地点	山东省泰安市	汇出行名称	中国工商银行财院分理处		汇入地点	山东省泰安市	汇入行名称	中国工商银行泰安支行财院分理处

		千	百	十	万	千	百	十	元	角	分
金额	人民币（大写）捌仟元整				¥	8	0	0	0	0	0

汇款用途：货款	留行待取预留 收 款 人印鉴

经济业务（6-1）

中国工商银行**转账支票**　　No.33889890

出票日期（大写）贰零壹玖 年 壹拾贰 月 零肆 日　　付款行名称：中国工商银行北太平庄分理处

收款人：飞翔股份有限公司　　出票人账号：055267-78

	百	十	万	千	百	十	元	角	分
人民币贰拾玖万叁仟元整 （大写）	¥	2	9	3	0	0	0	0	0

用途________　　密码栏：

上列款项请从我账户内支付　　付讫日期 年 月 日

出票人签章　　复核　　记账

经济业务（6-2）

中国工商银行　进账单　（回　单）　1

年　月　日

<table>
<tr><td rowspan="3">收款人</td><td>全　称</td><td></td><td rowspan="3">付款人</td><td>全　称</td><td colspan="11"></td></tr>
<tr><td>账　号</td><td></td><td>账　号</td><td colspan="11"></td></tr>
<tr><td>开户银行</td><td></td><td>开户银行</td><td colspan="11"></td></tr>
<tr><td rowspan="2">金额</td><td colspan="4" rowspan="2">人民币
（大写）</td><td>亿</td><td>千</td><td>百</td><td>十</td><td>万</td><td>千</td><td>百</td><td>十</td><td>元</td><td>角</td><td>分</td></tr>
<tr><td></td><td></td><td></td><td></td><td></td><td></td><td></td><td></td><td></td><td></td><td></td></tr>
<tr><td colspan="2">票据种类</td><td>　　票据张数</td><td colspan="13" rowspan="3">

开户银行盖章</td></tr>
<tr><td colspan="2">票据张数</td><td></td></tr>
<tr><td colspan="3">复核　　记账</td></tr>
</table>

此联是开户银行交给持（出）票人的回单

经济业务（7）

天津增值税专用发票

№.02154632

发　票　联

开票日期：2019 年 12 月 05 日

<table>
<tr><td rowspan="1">购货单位</td><td colspan="4">名　　称：飞翔股份有限公司
纳税人识别号：370900100121060×××
地 址、电 话：泰安市文化路 44 号 8332382
开户行及账号：中国工商银行泰安支行财院分理处 22126069260</td><td>密码区</td><td colspan="3">9/0+0>*〈3〉5〉927+296+/　加密版本：01
448〈6375〈65〉〈4/　37009932310
2-2〈2051+21+2618〈7　0434
/3-14〉〉09/5/-1〉〉〉2702154632</td></tr>
<tr><td colspan="2">货物或应税劳务名称</td><td>规格型号</td><td>单位</td><td>数量</td><td>单价</td><td>金额</td><td>税率</td><td>税额</td></tr>
<tr><td colspan="2">低 1#</td><td></td><td>件</td><td>900</td><td>54.00</td><td>48 600.00</td><td>13%</td><td>6 318.00</td></tr>
<tr><td colspan="2">合　计</td><td></td><td></td><td></td><td></td><td>¥48 600.00</td><td></td><td>¥6 318.00</td></tr>
<tr><td colspan="2">价税合计（大写）</td><td colspan="7">⊗ 伍万肆仟玖佰壹拾捌元整　　（小写）¥54 918.00</td></tr>
<tr><td>销货单位</td><td colspan="4">名　　称：天津耀发模具厂
纳税人识别号：120008789456466×××
地 址、电 话：天津市朝阳路 6 号
开户行及账号：中国工商银行天津分行 0200010009006616804</td><td>备注</td><td colspan="3"></td></tr>
</table>

收款人：　　复核：　　开票人：李新　　销货单位：（章）

第三联：发票联　购货方记账凭证

经济业务（8）

上海市增值税专用发票

№.0063490

发 票 联

开票日期：2019年12月6日

购货单位	名 称：飞翔股份有限公司 纳税人识别号：370900100121060××× 地 址、电 话：泰安市文化路44号 8332382 开户行及账号：中国工商银行泰安支行财院分理处 22126069260				密码区		
商品或劳务名称	规格型号	单位	数量	单价	金额	税率	税额
1#材料		千克	6 000	4	24 000.00	13%	3 120.00
合计					¥24 000.00		¥3 120.00
价税合计（大写）	⊗ 佰 ⊗ 拾贰万柒仟壹佰贰拾元零角零分				（小写）¥27 120.00		
销货单位	名 称：上海公司 纳税人识别号：230102100120054××× 地 址、电 话：上海浦东新区×××××××× 开户行及账号：中国工商银行十二办				备注		

收款人：张平　　开票单位（未盖章无效）　　结算方式：转账

第三联：发票联 购货方记账凭证

经济业务（9）

中国工商银行

付款期限 壹个月

银行汇票（多余款收账通知） 4 汇票号码

出票日期 贰零壹玖年壹拾贰月零柒日（大写）

代理付款行：中国工商银行泰安支行财院分理处　　行号：

收款人：天津耀发模具厂	账 号：0200010009006616804										
出票金额	人民币（大写）陆万元整										
实际结算金额	人民币伍万肆仟玖佰壹拾捌元整（大写）	千	百	十	万	千	百	十	元	角	分
				¥	5	4	9	1	8	0	0

申请人：飞翔股份有限公司　　账号：22126069260

出票行：中国工商银行泰安支行财院分理处

多余金额										科目（贷）……
千	百	十	万	千	百	十	元	角	分	对方科目（借）……
			¥	5	0	8	2	0	0	转账日期 年 月 日 复核 记账

备注：

复核　　经办

此联出票行结算汇票时作汇出汇款借方凭证

经济业务（10-1）

飞翔股份有限公司

付款申请单

2019 年 12 月 8 日

付款单位：采购部门	申请人：于华
付款原因：采购外购 1#24 600 千克	
付款方式：现金　　支票（号）　　电汇　　其他 银行承兑汇票	
付款金额：人民币（大写）壹拾壹万壹仟壹佰玖拾贰元整　　小写 ¥ 111 192.00	
收款单位：力成精密电路公司	
开户银行及账号：招商银行将台路支行 0105250997	
单位负责人意见：刘正	申请人领款签字：于华
财务主管审批：罗东	出纳：王小南

经济业务（10-2）

银行承兑汇票（存根）　4

出票日期：贰零壹玖 年 壹拾贰 月 零捌 日　　汇票号码 09178
（大写）

出票人全称	飞翔股份有限公司	收款人	全　称	力成精密电路公司												
出票人账号	22126069260		账　号	0105250997												
付款行全称	中国工商银行泰安支行财院分理处		开户银行	招商银行将台路支行	行号											
出票金额	人民币壹拾壹万壹仟壹佰玖拾贰元整（大写）					亿	千	百	十	万	千	百	十	元	角	元
								¥	1	1	1	1	9	2	0	0
汇票到期日（大写）	贰零贰零年零贰月零捌日	付款行	行号													
承兑协议编号			地址													
本汇票请你行承兑，此项汇票款我单位承兑协议于到期日前足额交存银行，到期请予以支付。 出票人签章		备注：		复核　　记账												

此联承兑行留存备查，到期支付票款时作借方凭证附件

经济业务（10-3）

银行承兑协议（存根）　　1

编号：

银行承兑汇票的内容：

收款人全称	力成精密电路公司	付款人全称	飞翔股份有限公司
开户银行	招行将台路支行	开户银行	中国工商银行泰安支行财院分理处
账号	0105250997	账号	22126069260
汇票号码	09178	汇票金额（大写）	壹拾壹万壹仟壹佰玖拾贰元整
签发日期	2019 年 12 月 08 日	到期日期	2020 年 2 月 8 日

以上汇票经承兑银行承兑，承兑申请人（下称申请人）愿遵守《银行结算办法》的规定以及下列条款：

一、申请人于汇票到期日前将应付票款足额交存承兑银行。

二、承兑手续费按票面金额万分之（五）计划，在银行承兑时一次付清。

三、承兑汇票如发生任何交易纠纷，均由收付双方自行处理，票款于到期前仍按第一条办理。

四、承兑汇票到期日，承兑银行凭票无条件支付票款。如到期日之前申请人不能足额交付票款，承兑银行对不足支付票款转作承兑申请逾期贷款，并按照有关规定计收罚息。

五、承兑汇票款付清后，本协议自动失效。

本协议第一联、第二联分别由承兑银行信贷部门和承兑申请人存执，协议副本由承兑银行会计部门存查。

承兑申请人签章：飞翔股份有限公司　　　　承兑银行签章：

订立承兑协议日期：　　　　年　　月　　日

经济业务（10-4）

北京增值税专用发票

№.02154667

发　票　联

开票日期：2019 年 12 月 08 日

购货单位	名称：飞翔股份有限公司 纳税人识别号：370900100121060××× 地址、电话：泰安市文化路 44 号 8332382 开户行及账号：中国工商银行泰安支行财院分理处 22126069260	密码区	

货物或应税劳务名称	规格型号	单位	数量	单价	金额	税率	税额
外购 1#		千克	24 600	4.00	98 400.00	13%	12 792.00
合　计					¥98 400.00		¥12 792.00
价税合计（大写）	⊗ 壹拾壹万壹仟壹佰玖拾贰元整				（小写）¥111 192.00		

销货单位	名称：力成精密电路公司 纳税人识别号：1101087363978××× 地址、电话：北京市将台路 92 号 64042886 开户行及账号：招商银行将台路支行 0105250997	备注	

第三联：发票联　购货方记账凭证

收款人：　　　复核：　　　开票人：王玉　　　销货单位：（章）

经济业务（11）

收料单

供应单位：上海公司　　　　　　　　材料科目：编号：01

发票号码：0063490　　　　　　　2019 年 12 月 9 日　材料类别：1#材料　　仓库：壹

材料编号	名称	规格	计量单位	数量		实际成本				
				应收	实收	买价		运杂费	其他	合计
						单价	金额			
	1#材料		千克	6 000	6 000	4	24 000			24 000

收款人：刘彬　　　　　　　　　　　　　　　　经手人：陈明

经济业务（12-1）

山东省增值税专用发票

№.0063490

发　票　联

开票日期：2019 年 12 月 10 日

购货单位	名　称：徐州公司 纳税人识别号：29060210010036××× 地 址、电 话：中州路 188 号 56743456 开户行及账号：工商行二分行　20100356	密码区	

商品或劳务名称	规格型号	单位	数量	单价	金额	税率	税额
洗衣机 I		台	50	2 000	100 000.00	13%	13 000.00
合　计					¥100 000.00		¥13 000.00
价税合计（大写）	⊗ 佰壹拾壹万叁仟零佰零拾零元零角零分				（小写）¥113 000.00		

销货单位	名　称：飞翔股份有限公司 纳税人识别号：370900100121060××× 地 址、电 话：泰安市文化路 44 号 8332382 开户行及账号：中国工商银行泰安支行财院分理处 22126069260	备注	

第一联：记账联　销货方记账凭证

收款人：李为　　　　　　开票单位（未盖章无效）　　　　　　结算方式：转账

经济业务（12-2）

中国工商银行进账单（收账通知）

2019 年 12 月 10 日　　　　第 004 号

收款人	全　称	飞翔股份有限公司	付款人	全　称	徐州公司
	账　号	22126069260		账　号	20100356
	开户银行	中国工商银行泰安支行财院分理处		开户银行	工商行二分行

人民币（大写）	千	百	十	万	千	百	十	元	角	分
壹拾壹万叁仟零佰零拾零元整		¥	1	1	3	0	0	0	0	0

票据种类	转　支	1	收款银行盖章
单位主管　会计　复核　记账			

经济业务（13-1）

山东省增值税专用发票

№0063590

发　票　联

开票日期：2012 年 12 月 11 日

购货单位	名　称：长江公司 纳税人识别号：280602100120026××× 地 址、电 话：长江路 188 号 76563355 开户行及账号：中国工商银行长江分行　20100668112	密码区	

商品或劳务名称	规格型号	单位	数量	单价	金额	税率	税额
洗衣机Ⅱ		台	20	3 000	60 000.00	13%	7 800.00
合　计					¥60 000.00		¥7 800.00
价税合计（大写）	⊗ 佰 ⊗ 拾陆万柒仟捌佰零拾零元零角零分				（小写）¥67 800.00		

销货单位	名　称：飞翔股份有限公司 纳税人识别号：370900100121060××× 地 址、电 话：泰安市文化路 44 号 8332382 开户行及账号：中国工商银行泰安支行财院分理处 22126069260	备注	

收款人：李为　　　开票单位（未盖章无效）　　　结算方式：转账

第一联：记账联　销货方记账凭证

经济业务（13-2）

银行承兑汇票（存根） 4

出票日期：贰零壹玖 年 壹拾贰 月 壹拾壹 日 汇票号码 09279
（大写）

<table>
<tr><td>出票人全称</td><td colspan="3">长江公司</td><td rowspan="3">收
款
人</td><td>全称</td><td colspan="11">飞翔股份有限公司</td></tr>
<tr><td>出票人账号</td><td colspan="3">20100668112</td><td>账号</td><td colspan="11">22126069260</td></tr>
<tr><td>付款行全称</td><td colspan="3">中国工商银行长江分行</td><td>开户银行</td><td colspan="4">中国工商银行泰安支行财院分理处</td><td colspan="2">行号</td><td colspan="5"></td></tr>
<tr><td rowspan="2">出票金额</td><td colspan="5" rowspan="2">人民币陆万柒仟捌佰元整
（大写）</td><td>亿</td><td>千</td><td>百</td><td>十</td><td>万</td><td>千</td><td>百</td><td>十</td><td>元</td><td>角</td><td>元</td></tr>
<tr><td></td><td></td><td></td><td>¥</td><td>6</td><td>7</td><td>8</td><td>0</td><td>0</td><td>0</td><td>0</td></tr>
<tr><td>汇票到期日
（大写）</td><td colspan="3">贰零贰零年零陆月壹拾壹日</td><td rowspan="2">付
款
行</td><td>行号</td><td colspan="11"></td></tr>
<tr><td>承兑协议编号</td><td colspan="3"></td><td>地址</td><td colspan="11"></td></tr>
<tr><td colspan="4">本汇票请你行承兑，此项汇票款我单位承兑协议于到期日前足额交存银行，到期请予以支付。

出票人签章</td><td colspan="4">备注：</td><td colspan="9">复核 记账</td></tr>
</table>

此联承兑行留存备查，到期支付票款时作借方凭证附件

经济业务（15）

山东省行政事业性统一银钱收据

2019 年 12 月 13 日 No.5110420

今收到 飞翔股份有限公司	
交来 希望工程捐款	
人民币（大写）陆万元整	¥60 000.00
收款单位（公章）	收款人（签章） 王立红

经济业务（16）

差旅费报销单

部门：销售部门　　　　填报日期　　　　2019年12月14日

姓名	刘成	出差事由	参加销售会议	出差日期	自2019年12月1日至2019年12月2日	共2天

起讫时间及地点						车船费		夜间乘车补助费			出差补助费			住宿费			其他	
月	日	起	月	日	讫	类别	金额	时间	标准	金额	日数	标准	金额	日数	标准	金额	摘要	金额
12	1		12	2		汽车	240	小时	%		2	100	200	1	160	160		
小计							240						200			160		

共计金额（大写）	⊗ 仟陆佰零拾零元零角零分	预支 1 000.00 核销 600.00 退补 400.00

附单据共　张

主管　　　　部门　　　　审核　　　　填报人　刘成

经济业务（17）

工资发放汇总表

部门		实发工资
铸工车间	生产工人	38 323.14
	管理人员	3 443.20
	小计	41 766.34
机加车间	生产工人	124 308.40
	管理人员	12 309.80
	小计	136 618.20
装配车间	生产工人	153 556.84
	管理人员	13 951.20
	小计	167 508.04
机修车间		30 735.00
销售部门		4 995.80
管理部门		73 698.00
合计		455 321.38

经济业务（18-1）

中国工商银行

转账支票存根

Ⅵ Ⅱ 0297386

科　　目 银行存款

对方科目 应交税费

出票日期 2019 年 12 月 15 日

收款人：	王力
金　额：	¥95 510.00
用　途：	交税和教育费附加

单位主管　　　　　　会计

经济业务（18-2）

中华人民共和国税收通用缴款书

征税机关：

隶属关系：

经济类型：股份有限公司　　　　　　填发日期：　2019 年 12 月 15 日

缴款单位（人）	代码		预算科目	编码	
	全称	飞翔股份有限公司		名称	企业增值税
	开户银行	中国工商银行泰安支行财院分理处		级次	
	账号	22126069260	收款国库		
税款所属时期 2019 年 11 月 1 日至 31 日			税款限缴日期 2019 年 12 月 15 日		

品目名称	课税数量	计税金额或销售收入	税率或单位税额	已缴或扣除额	实税金额 亿	千	百	十	万	千	百	十	元	角	分
洗衣机		653 846.15	13%						8	5	0	0	0	0	0
金额合计（大写）捌万伍仟元整								¥	8	5	0	0	0	0	0

缴款单位（人）（盖章）经办人（章）	税务机关（盖章）填票人（章）	上列款项已收妥并划转收款项单位账户 国库（银行）盖章　　年　　月　　日	备注：

逾期不缴按税法规定加收滞纳金。

经济业务（18-3）

中国工商银行电子缴税付款凭证

转账日期：2019 年 12 月 15 日　　　　凭证字号：002286

纳税人全称及纳税人识别号：飞翔股份有限公司 370900100120060×××

付款人全称：飞翔股份有限公司

付款人账号：22126069260　　　　征收机关名称：泰安市蜀山区税务局

付款人开户银行：中国工商银行泰安支行财院分理处　　　　收款国库（银行）名称：泰安市高新区

小写（合计）金额：￥10 510.00　　　　缴款书交易流水号：×××××××××××××××

大写（合计）金额：人民币壹万零伍佰壹拾元整　　　　税票号码：×××××××××××××××

税（费）种名称	所属时期	实缴金额
城市维护建设税	20191101-20191131	5 600.00
教育费附加	20191101-20191131	2 400.00
个人所得税	20191101-20191131	2 510.00

第 1 次打印　　　　打印时间：2019 年 12 月 15 日 11 时 58 分

经济业务（19）

资产评估报告书

根据《国有资产评估管理办法》对贵厂接受山东国资委投入磨床一台进行评估，确认价为 60 000 元。

中国注册会计师　李　忠　张　华

泰安岱宗会计师事务所

二〇一九年十二月十六日

固定资产转移单

投出单位：山东省国资委

投入单位：飞翔股份有限公司　　　　2019 年 12 月 16 日　　　　转移单号：008

<table>
<tr><td colspan="2">转移原因</td><td colspan="4">投资</td><td>确认价值</td><td colspan="2">60 000 元</td></tr>
<tr><td>名称</td><td>规格型号</td><td>单位</td><td>数量</td><td>预计使用年限</td><td>已使用年限</td><td>原值</td><td>已提折旧</td><td>净值</td></tr>
<tr><td>磨床</td><td></td><td>台</td><td>1</td><td>10</td><td></td><td>60 000</td><td></td><td></td></tr>
<tr><td></td><td></td><td></td><td></td><td></td><td></td><td></td><td></td><td></td></tr>
<tr><td colspan="2">投出单位
财务科长：
设备科长：</td><td colspan="4">（公章）</td><td colspan="2">投入单位
财务科长：
设备科长：</td><td>（公章）</td></tr>
</table>

经济业务（20-1）

山东省增值税专用发票

№.0063490

发 票 联

开票日期：2019 年 12 月 17 日

购货单位	名　　称：飞翔股份有限公司 纳税人识别号：370900100121060××× 地 址、电 话：泰安市文化路 44 号 8332382 开户行及账号：中国工商银行泰安支行财院分理处 22126069260	密码区	

货物或应税劳务名称	规格型号	单位	数量	单价	金额	税率	税额
1#材料		千克	5 000	4.10	20 500.00	13%	2 665.00
2#材料		千克	20 000	3.00	60 000.00		7 800.00
合　　计					¥80 500.00		¥10 465.00
价税合计（大写）	⊗ 佰 ⊗ 拾玖万零玖佰陆拾伍元零角零分				（小写）¥90 965.00		

销货单位	名　　称：聊城公司 纳税人识别号：3712010210015056××× 地 址、电 话：聊城新华路 6874659 开户行及账号：中国工商银行聊城支行 47846057228	备注	

收款人：张平　　开票单位（未盖章无效）　　结算方式：转账

第三联：发票联　购货方记账凭证

经济业务（20-2）

收 料 单

发票号码：0063490　　2019 年 12 月 17 日　　仓库：01

材料编号	名称	规格	计量单位	数量		实际成本				
				应收	实收	买价		运杂费	其他	合计
						单价	金额			
	1#材料		千克	5 000	5 000	4.10	20 500.00			20 500.00
	2#材料		千克	20 000	20 000	3.00	60 000.00			60 000.00

收款人：刘彬　　经手人：袁红

经济业务（21-1）

山东省增值税专用发票

№.0000068

发 票 联

开票日期：2019 年 12 月 18 日

购货单位	名　　称：郑州公司 纳税人识别号：876948645132555××× 地 址、电 话：郑州市东关街 38764520 开户行及账号：中国工商银行郑州营业部 3674515638	密码区	

货物或应税劳务名称	规格型号	单位	数量	单价	金额	税率	税额
洗衣机 I		台	60	2 000	120 000.00	13%	15 600.00
洗衣机 II		台	50	3 000	150 000.00		19 500.00
合　计					￥270 000.00		￥35 100.00
价税合计（大写）	⊗ 佰叁拾万伍仟壹佰零拾零元零角零分				（小写）￥305 100.00		

销货单位	名　　称：飞翔股份有限公司 纳税人识别号：370900100121060××× 地 址、电 话：泰安市文化路 44 号 8332382 开户行及账号：中国工商银行泰安支行财院分理处 22126069260	备注	

收款人：李为　　开票单位（未盖章无效）　　结算方式：转账

第一联：记账联　销货方记账凭证

经济业务（21-2）

委托银行收款凭证

委托号码：000069

委托日期　2019 年 12 月 18 日　　第　　号

付款人	全　称	郑州公司	收款人	全　称	飞翔股份有限公司
	账号或地址	3674515638		账号或地址	22126069260
	开户银行	中国工商银行郑州营业部		开户银行	中国工商银行泰安支行财院分理处

委收金额	人民币（大写）叁拾万伍仟壹佰元整	千	百	十	万	千	百	十	元	角	分
			￥	3	0	5	1	0	0	0	0

款项内容	销售产品货款	委托收款凭据名称	发　票	附寄单证张数	2
备注：				款项收妥日期 年　月　日	收款人开户银行盖章 月　日

单位主管　　会计　　复核　　记账

经济业务（22）

中国工商银行电汇凭证

委托日期 2019年12月20日 第 90 号

<table>
<tr><td rowspan="3">汇款人</td><td>全称</td><td colspan="3">飞翔股份有限公司</td><td rowspan="3">收款人</td><td>全称</td><td colspan="3">聊城公司</td></tr>
<tr><td>账号或地址</td><td colspan="3">22126069260</td><td>账号或地址</td><td colspan="3">47846057228</td></tr>
<tr><td>汇出地点</td><td>山东省泰安 市 县</td><td>汇出行名称</td><td>中国工商银行泰安支行财院分理处</td><td>汇入地点</td><td>山东省聊城 市 县</td><td>汇入行名称</td><td>中国工商银行聊城支行</td></tr>
</table>

金额	人民币（大写）玖万零玖佰陆拾伍元整	千	百	十	万	千	百	十	元	角	分
				¥	9	0	9	6	5	0	0

汇款用途：采购材料	汇出行盖章 年 月 日
上列款项已委托办理，如需查询，请持此回单来行面洽	

单位主管 会计 出纳 记账

经济业务（23-1）

中国工商银行短期借款合同

立合同单位：中国工商银行泰安支行（以下简称贷款方）

飞翔股份有限公司（以下简称借款方）

为明确责任，恪守合同，特签订本合同，共同信守。

一、贷款种类：企业短期流动资金借款

二、借款金额：贰拾万元整

三、借款用途：购原材料

四、借款利息：月息千分之一，按季收息，利随本清。如遇国家调整利息率，按调整后的规定计算。

五、借款期限：借款时间自二〇一九年十二月贰拾日至二〇二〇年三月贰拾日止。

六、还款来源：主营业务收入

七、还款方式：转账

八、保证条款：借款方请岱东公司作为借款人保证方，经贷款方审查，证实保证方具有担保资格和足够代偿借款的能力。保证方有权检查和督促借款方履行合同。当借款方不履行合同时，由保证方承担偿还借款本息的责任。必要时贷款方可以从保证方的存款户内扣收贷款本息。

九、违约责任：（略）

十、合同附件（略）

本合同正本一式三份，借款方、贷款方、保证方各执一份；合同副本×份，报送×有关各单位各留存一份。

贷款方：中国工商银行泰安支行（公章） 法人代表：宋明（盖章）

借款方：飞翔股份有限公司（公章） 法人代表：张勤（盖章）

借款方开户银行：中国工商银行泰安支行财院分理处 账 户：22126069260

2019年12月20日

经济业务（23-2）

工业企业借款借据（收账通知）

借款企业名称：飞翔股份有限公司　　2019 年 12 月 20 日

<table>
<tr><td>贷款种类</td><td colspan="2">短期流动资金借款</td><td colspan="3">贷款号</td><td colspan="2">136</td><td colspan="3">存款账号</td><td colspan="2">22126069260</td></tr>
<tr><td rowspan="2">借款金额</td><td rowspan="2">人民币（大写）贰拾万元整</td><td>亿</td><td>千</td><td>百</td><td>十</td><td>万</td><td>千</td><td>百</td><td>十</td><td>元</td><td>角</td><td>分</td></tr>
<tr><td></td><td></td><td>¥</td><td>2</td><td>0</td><td>0</td><td>0</td><td>0</td><td>0</td><td>0</td><td>0</td></tr>
<tr><td colspan="13">借款用途：购原材料</td></tr>
<tr><td colspan="13">约定还款期　期限 3　个月　于 2020 年 3 月 20 日到期</td></tr>
<tr><td colspan="5">上列贷款已批准发放，转入你单位存款户
此致
（银行签章）</td><td colspan="8">单位分录：
借：
贷：
主管　会计　复核　记账
年　月　日</td></tr>
</table>

经济业务（24-1）

办公用品领用表

2019 年 12 月 20 日

领用部门	领发数量					金额（元）
	计算器（个）	工作手册（本）	墨水（瓶）	稿纸（本）		
机加车间		12	5	10		43.00
铸工车间		10	4	8		35.00
装配车间		10	4	8		35.00
机修车间		8	3	6		27.00
总经理办公室	3	20	10	25		360.00
合计	3	60	26	57		500.00

经济业务（24-2）

泰安市商业零售统一发票

客户名称：飞翔股份有限公司　　2019年12月20日　　No.0582762

货号	品名及规格	单位	数量	单价	金额							
						万	千	百	十	元	角	分
	计算器	个	3	90.00	超十万元无效			2	7	0	0	0
	工作手册	本	60	1.50					9	0	0	0
	稿纸	本	57	2.00				1	1	4	0	0
	墨水	瓶	26	1.00					2	6	0	0
合计金额	（大写）伍佰元整											
					合计		¥	5	0	0	0	0
付款方式	现金		开户银行及账号									

收款企业（盖章有效）　　收款人：张力　　开票人：李红

经济业务（25-1）

中国工商银行　进账单

2019年12月21日　　第　026　号

收款人全称	飞翔股份有限公司	账号地址	22126069260
		开户银行	中国工商银行泰安支行财院分理处

委收金额	人民币（大写）肆仟元整	百	十	万	千	百	十	元	角	分
				¥	4	0	0	0	0	0

付款人	全称或账号	开户行	种类	十	万	千	百	十	元	角	分	全称或账号	开户行	票据种类
	鲁中公司	中国工商银行	转支		¥	4	0	0	0	0	0			

单位主管　　会计　　复核　　记账

经济业务（25-2）

飞翔股份有限公司收款收据

2019 年 12 月 21 日　　　　No166

交款单位	鲁中公司	交款人签章	李兴	金额							
				十	万	千	百	十	元	角	分
金额（大写）	肆仟元整				¥	4	0	0	0	0	0
事由	投资收益										

经济业务（26）

盘点盈亏报告表

单位名称：飞翔股份有限公司　　　　2019 年 12 月 21 日　　　　单位：元

编号	类别名称	计量单位	单价	实存		账存		盘盈				盘亏			
				数量	金额	数量	金额	数量	原值	折旧	净值	数量	原值	折旧	净值
9	设备	台	25 000	5	125 000	6	150 000					1	25 000	5 000	20 000

会计主管：　　　　盘点负责人：　　　　实物负责人：　　　　制表：

经济业务（27-1）

山东省行政事业性收费票据

交费单位或个人姓名：　飞翔股份有限公司　　　　2019 年 12 月 22 日　　第Ⅱ　　　　No166

收费项目	计量单位	数量	单价	金额								
				百	十	万	千	百	十	元	角	分
广告费	次					¥	5	0	0	0	0	0
合计金额（大写）	伍千元整　¥5 000.00											

收费单位（印）　　　　收款人（章）

经济业务（27-2）

中国工商银行

转账支票存根

№003490

科　　目

对方科目

签发日期 2019 年 12 月 22 日

收款人：泰山广告公司
金　额：¥　5 000.00
用　途：支付广告费

单位主管　会计　复核　记账

经济业务（28-1）

中国工商银行

转账支票存根

№0034908

科　　目

对方科目

签发日期 2019 年 12 月 22 日

收款人：中保泰山分公司
金　额：¥　4 800.00
用　途：支付财产保险费

单位主管　会计　复核　记账

经济业务（28-2）

中保泰山分公司收款收据

2019 年 12 月 22 日　　№166

交款单位	飞翔股份有限公司	交款人签章	赵明	金额								
				百	十	万	千	百	十	元	角	分
金额（大写）	肆仟捌佰元整					¥	4	8	0	0	0	0
事由	财产保险费											

经济业务（29-1）

山东省增值税专用发票

№0063594

发　票　联　　开票日期：2019 年 12 月 23 日

购货单位	名　　称：北京博大贸易进出口公司 纳税人识别号：1101036343030067××× 地 址、电 话：北京市花园路 12 号 62368756 开户行及账号：中国工商银行南太平庄分理处 066256-28	密码区					
货物或应税劳务名称	规格型号	单位	数量	单价	金额	税率	税额
合　计							
价税合计（大写）					（小写）¥________		
销货单位	名　　称：飞翔股份有限公司 纳税人识别号：370900100121060××× 地 址、电 话：泰安市文化路 44 号 8332382 开户行及账号：中国工商银行泰安支行财院分理处 22126069260	备注					

第一联：记账联　销货方记账凭证

收款人：　　开票单位（未盖章无效）　　结算方式：转账

经济业务（29-2）

邮 中国工商银行托收承付凭证（回　单） 1　　　　第　　　号

托收号码：

委托日期：　　年　　月　　日

<table>
<tr><td rowspan="3">付款人</td><td>全　称</td><td></td><td rowspan="3">收款人</td><td>全　称</td><td colspan="3"></td></tr>
<tr><td>账号或地址</td><td></td><td>账　号</td><td colspan="3"></td></tr>
<tr><td>开户银行</td><td></td><td>开户银行</td><td></td><td>行号</td><td></td></tr>
<tr><td>托收金额</td><td colspan="5">人民币
（大写）：</td><td colspan="2">千 百 十 万 千 百 十 元 角 分</td></tr>
<tr><td colspan="2">附　件</td><td colspan="3">商品发运情况</td><td colspan="3">合同名称号码</td></tr>
<tr><td>附寄单证张数或册数</td><td></td><td colspan="3"></td><td colspan="3"></td></tr>
<tr><td colspan="3">备　注：</td><td colspan="2">款项收妥日期

20　　年　　月　　日</td><td colspan="3">（收款人开户银行盖章）　　月　日</td></tr>
</table>

单位主管　　会计　　复核　　记账

经济业务（29-3）

产成品（自制半成品）出库单

用途：　　　　年　　月　　日　　　　第　　号

产品名称	规格型号	计量单位	出库数量	单位成本	总成本	附注：

财务：　　　　销售经手人：　　　　仓库经手人：

经济业务（30-1）

中国工商银行

转账支票存根

№0034909

科　　目

对方科目

签发日期 2019 年 12 月 23 日

收款人：东岳科研所
金　额：￥ 200 000.00
用　途：

单位主管　会计　复核　记账

经济业务（30-2）

山东省行政事业性收费票据

交费单位或个人姓名：飞翔股份有限公司　　2019 年 12 月 23 日　　第Ⅱ　№.06568

收费项目	计量单位	数量	单价	金额								
				百	十	万	千	百	十	元	角	分
技术转让费	项			￥	2	0	0	0	0	0	0	0
合计金额（大写）	贰拾万元整							￥ 200 000.00				

收费单位（印）　　收款人（章）李强

经济业务（31-1）

固定资产交接单

2019 年 12 月 24 日

编号	名称	规格	型号	计量单位	数量	实际价格	增值税	取货方式	技术资料
	机床			台	1	20 000.00	2 600.00	购买	
购建单位	土建工程费	设备款	运杂费	安装费	合计	折旧年限		预计残值	预计清理费
		20 000.00			20 000.00	10		1 200.00	1 000.00
管理部门签章			保管部门签章			财会部门签章			

经济业务（31-2）

山东省增值税专用发票

№.0000000101

发 票 联

开票日期：2019 年 12 月 24 日

购货单位	名 称：飞翔股份有限公司 纳税人识别号：370900100121060××× 地 址、电 话：泰安市文化路 44 号 8332382 开户行及账号：中国工商银行泰安支行财院分理处 22126069260				密码区		
货物或应税劳务名称	规格型号	单位	数量	单价	金额	税率	税额
机床		台	1	20 000	20 000.00	13%	2 600.00
合 计					¥20 000.00		¥2 600.00
价税合计（大写）	⊗ 佰 ⊗ 拾贰万贰仟陆佰零拾零元零角零分					（小写）	¥22 600.00
销货单位	名 称：鲁南机械厂 纳税人识别号：37040002000234050××× 地 址、电 话：枣庄市周庄路 6874669 开户行及账号：中国工商银行枣庄市中营业部 33146053600				备注		

收款人：周帆　　开票单位（未盖章无效）　　结算方式：转账

第三联：发票联 购货方记账凭证

经济业务（31-3）

中国工商银行电汇凭证

委托日期：2019 年 12 月 24 日　　　　　　　　　　第 87 号

<table>
<tr><td rowspan="3">汇款人</td><td>全称</td><td colspan="3">飞翔股份有限公司</td><td rowspan="3">收款人</td><td>全称</td><td colspan="3">鲁南机械厂</td></tr>
<tr><td>账号或地址</td><td colspan="3">中国工商银行泰安支行财院分理处
22126069260</td><td>账号或地址</td><td colspan="3">山东枣庄市周庄路 33146053600</td></tr>
<tr><td>汇出地点</td><td>山东省泰安市县</td><td>汇出行名称</td><td>中国工商银行泰安支行财院分理处</td><td>汇入地点</td><td>山东省枣庄市</td><td>汇入行名称</td><td>中国工商银行枣庄市中营业部</td></tr>
<tr><td>金额</td><td colspan="6">人民币（大写）贰万贰仟陆佰元整</td><td colspan="3">千 百 十 万 千 百 十 元 角 分
　 　 ¥ 2 2 6 0 0 0 0</td></tr>
<tr><td colspan="7">汇款用途：购买机床</td><td colspan="3">汇出行盖章
年　月　日</td></tr>
</table>

经济业务（32）

中国工商银行泰安支行计付利息清单

账号：22126069260　　　　　　　　2019 年 12 月 24 日

<table>
<tr><td>单位名称</td><td colspan="2">飞翔股份有限公司</td><td>结算户</td><td></td></tr>
<tr><td colspan="2">计息起讫日期</td><td colspan="3">20190923-20191222</td></tr>
<tr><td>存款户账号</td><td colspan="2">计息总积数</td><td>利率</td><td>利息金额</td></tr>
<tr><td>22126069260</td><td colspan="2">30584527.22</td><td>1.745</td><td>1482.50</td></tr>
</table>

你单位上述存款利息已收入你单位账户

此致

存款单位（银行盖章）　　　　　复核　　　　　记账

经济业务（33）

中国工商银行赔偿金收入特种转账传票

委托日期 2019 年 12 月 25 日　　　　第　　号

收款人	全　称	南京公司	付款人	全　称	飞翔股份有限公司
	账号或地址	221138275101		账号或地址	22126069260
	开户银行	中国工商银行中山路办事处		开户银行	中国工商银行泰安支行财院分理处

委收金额	人民币（大写）壹仟元整	千	百	十	万	千	百	十	元	角	分
					¥	1	0	0	0	0	0

原凭证张数		赔偿金	1 000.00	科　目（）______ 对方科目（）______
原凭证名称		号码	000306	
备注：	合同违约赔偿金 银行盖章			复核　记账　制票

单位主管　　　会计　　　复核　　　记账

经济业务（34）

飞翔股份有限公司收款收据

2019 年 12 月 25 日　　　　№188

交款单位	泰山中兴公司	交款人签章	周期	金额								
				百	十	万	千	百	十	元	角	分
金额（大写）	壹仟元整					¥	1	0	0	0	0	0
事由	罚款			现金								

经济业务（35）

固定资产转移单

投出单位：华尔公司　　投入单位：飞翔股份有限公司　　2019 年 12 月 26 日　　转移单号：008

名称	规格及型号	单位	数量	预计使用年限	已使用年限	原值	已提折旧	净值
磨床		台	1	10		180 000		
调出单位 财务科长：王常 设备科长：张亮	（公章）				调入单位 财务科长：徐波 设备科长：吴昊			（公章）

经济业务（36）

飞翔股份有限公司文件　　泰字第 6 号

关于用资本公积转增资本的决议

为扩大本企业资本规模，增加企业实力，经公司股东大会研究决定，用资本公积 30 000.00 元，转增资本。

董事长：刘方文

飞翔股份有限公司董事会（公章）

二〇一九年十二月二十六日

泰安市工商局文件　　泰工字第 078 号

关于飞翔股份有限公司资本公积转增资本的批复

飞翔公司用资本公积 30 000.00 元，转增实收资本，符合资本公积转增资本的有关规定，同意按法定程序办理转增手续。

特此批复

泰安市工商局

二〇一九年十二月二十六日

经济业务（37-1）

泰安市民政局收款收据

2019 年 12 月 27 日　　№000898

交款单位	飞翔股份有限公司	交款人签章	赵明	金额								
				百	十	万	千	百	十	元	角	分
金额（大写）	贰仟元整					¥	2	0	0	0	0	0
事由	抗洪救灾											

经济业务（37-2）

中国工商银行

转账支票存根

VI II 02973867

科　　目　银行存款

对方科目　营业外支出

出票日期　2019 年 12 月 27 日

收款人：	泰安市民政局
金　额：	¥ 2 000.00
用　途：	抗洪救灾

单位主管　　　　会计

经济业务（38）

固定资产折旧计算汇总表

使用车间或部门	固定资产类别	月初应计提折旧的固定资产原价（元）	本月计提折旧额（元）
铸工车间	房屋及建筑物	7 257 930.00	1 960.00
	机器设备	2 301 240.00	18 640.00
	小　计	9 559 170.00	20 600.00
机加车间	房屋及建筑物	948 150.00	2 560.00
	机器设备	5 486 420.00	44 440.00
	小　计	6 434 570.00	47 000.00
装配车间	房屋及建筑物	746 670.00	2 016.00
	机器设备	6 281 980.00	50 884.00
	小　计	7 028 650.00	52 900.00
机修车间	房屋及建筑物	1 100 000.00	2 970.00
	机器设备	2 053 090.00	16 630.00
	小　计	3 153 090.00	19 600.00
管理部门	房屋及建筑物	7 326 507.00	19 781.00
	管理设备	1 334 293.00	21 615.00
	运输工具	1 000 720.00	16 211.00
	小　计	9 661 520.00	57 607.00
合　计		35 837 000.00	197 707.00

经济业务（39-1）

电费分配表

产品、部门、项目	产量 （　）	单位定额 （　）	定额耗用量 （　）	分配率	应分配费用额
机加车间一般耗用					5 000.00
铸工车间一般耗用					4 000.00
机修车间一般耗用					3 300.00
装配车间一般耗用					3 000.00
企业管理部门					4 700.00
合　计					20 000.00

经济业务（39-2）

中国工商银行特种转账贷方发票

委托日期 2019年12月29日　　　　第　　号

<table>
<tr><td rowspan="3">付款人</td><td>全称</td><td>飞翔股份有限公司</td><td rowspan="3">收款人</td><td>全称</td><td colspan="10">泰安电业局</td></tr>
<tr><td>账号或地址</td><td>22126069260</td><td>账号或地址</td><td colspan="10">泰安市灵山大街56号　2212005247</td></tr>
<tr><td>开户银行</td><td>中国工商银行泰安支行
财院分理处</td><td>开户银行</td><td colspan="10">中国工商银行郑州郑新办事处</td></tr>
<tr><td rowspan="2">委收金额</td><td colspan="4" rowspan="2">人民币（大写）贰万元整</td><td>千</td><td>百</td><td>十</td><td>万</td><td>千</td><td>百</td><td>十</td><td>元</td><td>角</td><td>分</td></tr>
<tr><td></td><td></td><td>¥</td><td>2</td><td>0</td><td>0</td><td>0</td><td>0</td><td>0</td><td>0</td></tr>
<tr><td>款项内容</td><td>电费</td><td colspan="2">委托收款凭据名称</td><td>专用发票</td><td colspan="5">附寄单证张数</td><td colspan="5">1</td></tr>
<tr><td colspan="5">备注：</td><td colspan="5">款项收妥日期
年　月　日</td><td colspan="5">收款人开户银行盖章
年　月　日</td></tr>
</table>

单位主管　　　　　　会计　　　　　　复核　　　　　　记账

经济业务（40）

机加车间制造费用分配表

年　　月

项　目	生产工时	制造费用	
		分配率	金　额
合　计			

装配车间制造费用分配表

年　　月

项　目	生产工时	制造费用	
		分配率	金　额
合　计			

七、本部分附录

附录 5-1

资产负债表

会企 01 表

编制单位:　　　　　　　　　　　　　　＿＿＿＿年＿＿月＿＿日　　　　　　　　　　　　　　单位：元

资产	期末余额	上年年末余额	负债和所有者权益（或股东权益）	期末余额	上年年末余额
流动资产:			流动负债:		
货币资金			短期借款		
交易性金融资产			交易性金融负债		
衍生金融资产			衍生金融负债		
应收票据			应付票据		
应收账款			应付账款		
应收款项融资			预收款项		
预付款项			合同负债		
其他应收款			应付职工薪酬		
存货			应交税费		
合同资产			其他应付款		
持有待售资产			持有待售负债		
一年内到期的非流动资产			一年内到期的非流动负债		
其他流动资产			其他流动负债		
流动资产合计			流动负债合计		
非流动资产:			非流动负债:		
债权投资			长期借款		
其他债权投资			应付债券		
长期应收款			其中：优先股		
长期股权投资			永续债		
其他权益工具投资			租赁负债		
其他非流动金融资产			长期应付款		
投资性房地产			预计负债		
固定资产			递延收益		
在建工程			递延所得税负债		
生产性生物资产			其他非流动负债		
油气资产			非流动负债合计		
使用权资产			负债合计		
无形资产			所有者权益（或股东权益）:		
开发支出			实收资本（或股本）		
商誉			其他权益工具		
长期待摊费用			其中：优先股		
递延所得税资产			永续债		
其他非流动资产			资本公积		
非流动资产合计			减：库存股		
			其他综合收益		
			专项储备		
			盈余公积		
			未分配利润		
			所有者权益（或股东权益）合计		
资产总计			负债和所有者权益（或股东权益）总计		

附录 5-2

利润表

会企 02 表

编制单位：　　　　　　　　　　　　　　　　　　　　____年____月　　　　　　　　　　　　　　　　　　　单位：元

项目	本期金额	上期金额
一、营业收入		
减：营业成本		
税金及附加		
销售费用		
管理费用		
研发费用		
财务费用		
其中：利息费用		
利息收入		
加：其他收益		
投资收益（损失以“–”号填列）		
其中：对联营企业和合营企业的投资收益		
以摊余成本计量的金融资产终止确认收益（损失以“–”号填列）		
净敞口套期收益（损失以“–”号填列）		
公允价值变动收益（损失以“–”号填列）		
信用减值损失（损失以“–”号填列）		
资产减值损失（损失以“–”号填列）		
资产处置收益（损失以“–”号填列）		
二、营业利润（亏损以“–”号填列）		
加：营业外收入		
减：营业外支出		
三、利润总额（亏损总额以“–”号填列）		
减：所得税费用		
四、净利润（净亏损以“–”号填列）		
（一）持续经营净利润（净亏损以“–”号填列）		
（二）终止经营净利润（净亏损以“–”号填列）		
五、其他综合收益的税后净额		
（一）不能重分类进损益的其他综合收益		
1．重新计量设定受益计划变动额		
2．权益法下不能转损益的其他综合收益		
3．其他权益工具投资公允价值变动		
4．企业自身信用风险公允价值变动		
……		
（二）将重分类进损益的其他综合收益		
1．权益法下可转损益的其他综合收益		
2．其他债权投资公允价值变动		
3．金融资产重分类计入其他综合收益的金额		
4．其他债权投资信用减值准备		
5．现金流量套期储备		
6．外币财务报表折算差额		
……		
六、综合收益总额		
七、每股收益：		
（一）基本每股收益		
（二）稀释每股收益		

附录 5-3

所有者权益变动表

______年度

会企 04 表

编制单位：　　　　　　　　　　　　　　　　　　　　　　　　　　　　单位：元

项目	本年金额										上年金额									
	实收资本（或股本）	其他权益工具			资本公积	减：库存股	其他综合收益	盈余公积	未分配利润	所有者权益合计	实收资本（或股本）	其他权益工具			资本公积	减：库存股	其他综合收益	盈余公积	未分配利润	所有者权益合计
		优先股	永续债	其他								优先股	永续债	其他						
一、上年年末余额																				
加：会计政策变更																				
前期差错更正																				
其他																				
二、本年年初余额																				
三、本年增减变动金额（减少以“-”号填列）																				
（一）综合收益总额																				
（二）所有者投入和减少资本																				
1．所有者投入的普通股																				
2．其他权益工具持有者投入资本																				
3．股份支付计入所有者权益的金额																				
4．其他																				
（三）利润分配																				
1．提取盈余公积																				
2．对所有者（或股东）的分配																				
3．其他																				
（四）所有者权益内部结转																				
1．资本公积转增资本（或股本）																				
2．盈余公积转增资本（或股本）																				
3．盈余公积弥补亏损																				
4．其他																				
四、本年年末余额																				

附录 5-4

现金流量表

会企 03 表

编制单位：　　　　　　　　　　　　　　　　___年___月　　　　　　　　　　　　　　　　单位：元

项目	本期金额	上期金额
一、经营活动产生的现金流量：		
销售商品、提供劳务收到的现金		
收到的税费返还		
收到其他与经营活动有关的现金		
经营活动现金流入小计		
购买商品、接受劳务支付的现金		
支付给职工以及为职工支付的现金		
支付的各项税费		
支付其他与经营活动有关的现金		
经营活动现金流出小计		
经营活动产生的现金流量净额		
二、投资活动产生的现金流量：		
收回投资收到的现金		
取得投资收益收到的现金		
处置固定资产、无形资产和其他长期资产收回的现金净额		
处置子公司及其他营业单位收到的现金净额		
收到其他与投资活动有关的现金		
投资活动现金流入小计		
购建固定资产、无形资产和其他长期资产支付的现金		
投资支付的现金		
取得子公司及其他营业单位支付的现金净额		
支付其他与投资活动有关的现金		
投资活动现金流出小计		
投资活动产生的现金流量净额		
三、筹资活动产生的现金流量：		
吸收投资收到的现金		
取得借款收到的现金		
收到其他与筹资活动有关的现金		
筹资活动现金流入小计		
偿还债务支付的现金		
分配股利、利润或偿付利息支付的现金		
支付其他与筹资活动有关的现金		
筹资活动现金流出小计		
筹资活动产生的现金流量净额		
四、汇率变动对现金及现金等价物的影响		
五、现金及现金等价物净增加额		
加：期初现金及现金等价物余额		
六、期末现金及现金等价物余额		

附录 5-5

增值税纳税申报表

（适用于增值税一般纳税人）

根据《中华人民共和国增值税暂行条例》第二十二条和第二十三条的规定制定本表。纳税人不论有无销售额，均应按主管税务机关核定的纳税期限按期填报本表，并于次月一日起十五日内，向当地税务机关申报。

税款所属时间：自　　年　　月　　日至　　年　　月　　日

填表日期：　　年　　月　　日　　　　　　　　　　　　　　　　　　　　　　金额单位：元至角分

纳税人识别号			所属行业			
纳税人名称	（公章）	法定代表人姓名		注册地址		营业地址
开户银行及账号		企业登记注册类型			电话号码	
项　目		栏　次	一般货物及劳务		即征即退货物及劳务	
			本月数	本年累计	本月数	本年累计
销售额	（一）按适用税率征税货物及劳务销售额	1				
	其中：应税货物销售额	2				
	应税劳务销售额	3				
	纳税检查调整的销售额	4				
	（二）按简易征收办法征税货物销售额	5				
	其中：纳税检查调整的销售额	6				
	（三）免、抵、退办法出口货物销售额	7				
	（四）免税货物及劳务销售额	8				
	其中：免税货物销售额	9				
	免税劳务销售额	10				
计款	销项税额	11				
	进项税额	12				
	上期留抵税额	13				
	进项税额转出	14				
	免抵退货物应退税额	15				
	按适用税率计算的纳税检查应补缴税额	16				
	应抵扣税额合计	17＝12+13−14−15+16				
	实际抵扣税额	18（如 17<11，则为 17，否则为 11）				

续表

项目		栏次	一般货物及劳务		即征即退货物及劳务	
			本月数	本年累计	本月数	本年累计
计款	应纳税额	19=11-18				
	期末留抵税额	20=17-18				
	简易征收办法计算的应纳税额	21				
	按简易征收办法计算的纳税检查应补缴税额	22				
	应纳税额减征额	23				
	应纳税额合计	24=19+21-23				
税款缴纳	期初未缴税额（多缴为负数）	25				
	实收出口开具专用缴款书退税额	26				
	本期已缴税额	27=28+29+30+31				
	①分次预缴税额	28				
	②出口开具专用缴款书预缴税额	29				
	③本期缴纳上期应纳税额	30				
	④本期缴纳欠缴税额	31				
	期末未缴税额（多缴为负数）	32=24+25+26-27				
	其中：欠缴税额（≥0）	33=25+26-27				
	本期应补（退）税额	34＝24-28-29				
	即征即退实际退税额	35				
	期初未缴查补税额	36				
	本期入库查补税额	37				
	期末未缴查补税额	38=16+22+36-37				

授权声明		申报人声明	
	如果你已委托代理人申报，请填写下列资料： 为代理一切税务事宜，现授权 （地址） 为本纳税人的代理申报人，任何与本申报表有关的往来文件，都可寄予此人。 授权人签字：		此纳税申报表是根据（中华人民共和国增值税暂行条例）的规定填报的，我相信它是真实的、可靠的、完整的。 声明人签字：

以下由税务机关填写：

收到日期：　　　　接收人：　　　　主管税务机关盖章：

附录 5-6

增值税纳税申报表附列资料（表一）

（本期销售情况明细）

税款所属时间：　　年　　月

纳税人名称：（公章）　　填表日期：　　年　　月　　日　　金额单位：元至角分

一、按适用税率征收增值税货物及劳务的销售额和销项税额明细

项目	栏次	应税货物						应税劳务			小计		
		13%税率			9%税率								
		份数	销售额	销项税额	份数	销售额	销项税额	份数	销售额	销项税额	份数	销售额	销项税额
防伪税控系统开具的增值税专用发票	1												
非防伪税控系统开具的增值税专用发票	2												
开具普通发票	3												
未开具发票	4												
小　计	5=1+2+3+4												
纳税检查调整	6												
合　计	7=5+6												

二、简易征收办法征收增值税货物的销售额和应纳税额明细

项目	栏次	5%征收率			3%征收率			小计		
		份数	销售额	应纳税额	份数	销售额	应纳税额	份数	销售额	应纳税额
防伪税控系统开具的增值税专用发票	8									
非防伪税控系统开具的增值税专用发票	9									
开具普通发票	10									
未开具发票	11									
小　计	12=8+9+10+11									
纳税检查调整	13									
合　计	14=12+13									

三、免征增值税货物及劳务销售额明细

项目	栏次	免税货物			免税劳务			小计		
		份数	销售额	税额	份数	销售额	税额	份数	销售额	税额
防伪税控系统开具的增值税专用发票	15									
开具普通发票	16									
未开具发票	17									
合　计	18=15+16+17									

附录 5-7

增值税纳税申报表附列资料（表二）

（本期进项税额明细）

税款所属时间：　　年　　月

纳税人名称：（公章）　　　填表日期：　　年　　月　　日　　　金额单位：元至角分

一、申报抵扣的进项税额				
项　　目	栏次	份数	金额	税额
（一）认证相符的防伪税控增值税专用发票	1			
其中：本期认证相符且本期申报抵扣	2			
前期认证相符且本期申报抵扣	3			
（二）非防伪税控增值税专用发票及其他扣税凭证	4			
其中：海关进口增值税专用缴款书	5			
农产品收购发票或者销售发票	6			
废旧物资发票	7			
运输费用结算单据	8			
5%征收率	9			
3%征收率	10			
（三）外贸企业进项税额抵扣证明	11			
当期申报抵扣进项税额合计	12			

二、进项税额转出额		
项　　目	栏次	税额
本期进项税转出额	13	
其中：免税货物用	14	
非应税项目用、集体福利、个人消费	15	
非正常损失	16	
按简易征收办法征税货物用	17	
免抵退税办法出口货物不得抵扣进项税额	18	
纳税检查调减进项税额	19	
未经认证已抵扣的进项税额	20	
红字专用发票通知单注明的进项税额	21	

三、待抵扣进项税额				
项　　目	栏次	份数	金额	税额
（一）认证相符的防伪税控增值税专用发票	22			
期初已认证相符但未申报抵扣	23			
本期认证相符且本期未申报抵扣	24			
期末已认证相符但未申报抵扣	25			

续表

三、待抵扣进项税额				
项　　目	栏次	份数	金额	税额
其中：按照税法规定不允许抵扣	26			
(二) 非防伪税控增值税专用发票及其他扣税凭证	27			
其中：海关进口增值税专用缴款书	28			
农产品收购发票或者销售发票	29			
废旧物资发票	30			
运输费用结算单据	31			
5%征收率	32			
3%征收率	33			
	34			
四、其　他				
项　　目	栏次	份数	金额	税额
本期认证相符的全部防伪税控增值税专用发票	35			
期初已征税款挂账额	36			
期初已征税款余额	37			
代扣代缴税额	38			

注：第 1 栏＝第 2 栏+第 3 栏＝第 23 栏+第 35 栏−第 25 栏；第 2 栏＝第 35 栏−第 24 栏；第 3 栏＝第 23 栏+第 24 栏−第 25 栏；第 4 栏等于第 5 栏至第 10 栏之和；第 12 栏＝第 1 栏+第 4 栏+第 11 栏；第 13 栏等于第 14 栏至第 21 栏之和；第 27 栏等于第 28 栏至第 34 栏之和。

附录 5-8

固定资产进项税额抵扣情况表

纳税人识别号：　　　　　　　　纳税人名称（公章）：

填表日期：　　年　　月　　日　　　　　　　　金额单位：元至角分

项目	当期申报抵扣的固定资产进项税额	当期申报抵扣的固定资产进项税额累计
增值税专用发票		
海关进口增值税专用缴款书		
合　计		

注：本表一式二份，一份纳税人留存，一份主管税务机关留存。

附录 5-9

A200000　中华人民共和国企业所得税月（季）度预缴纳税申报表（A 类）

税款所属期间：　　年　　月　　日至　　年　　月　　日

纳税人识别号（统一社会信用代码）：　□□□□□□□□□□□□□□□□□□□□

纳税人名称：　　　　　　　　　　　　　　　　**金额单位：人民币元（列至角分）**

预缴方式	□ 按照实际利润额预缴	□ 按照上一纳税年度应纳税所得额平均额预缴	□ 按照税务机关确定的其他方法预缴
企业类型	□ 一般企业	□ 跨地区经营汇总纳税企业总机构	□ 跨地区经营汇总纳税企业分支机构

预　缴　税　款　计　算			
行次	项　目		本年累计金额
1	营业收入		
2	营业成本		
3	利润总额		
4	加：特定业务计算的应纳税所得额		
5	减：不征税收入		
6	减：免税收入、减计收入、所得减免等优惠金额（填写 A201010）		
7	减：固定资产加速折旧（扣除）调减额（填写 A201020）		
8	减：弥补以前年度亏损		
9	实际利润额（3+4-5-6-7-8）\ 按照上一纳税年度应纳税所得额平均额确定的应纳税所得额		
10	税率（25%）		
11	应纳所得税额（9×10）		
12	减：减免所得税额（填写 A201030）		
13	减：实际已缴纳所得税额		
14	减：特定业务预缴（征）所得税额		
15	本期应补（退）所得税额（11-12-13-14）\ 税务机关确定的本期应纳所得税额		
汇总纳税企业总分机构税款计算			
16	总机构填报	总机构本期分摊应补（退）所得税额（17+18+19）	
17		其中：总机构分摊应补（退）所得税额（15×总机构分摊比例__%）	
18		财政集中分配应补（退）所得税额（15×财政集中分配比例__%）	
19		总机构具有主体生产经营职能的部门分摊所得税额（15×全部分支机构分摊比例__%×总机构具有主体生产经营职能部门分摊比例__%）	
20	分支机构填报	分支机构本期分摊比例	
21		分支机构本期分摊应补（退）所得税额	

附　报　信　息			
高新技术企业	□ 是　□ 否	科技型中小企业	□ 是　□ 否
技术入股递延纳税事项	□ 是　□ 否		
按　季　度　填　报　信　息			
季初从业人数		季末从业人数	
季初资产总额（万元）		季末资产总额（万元）	
国家限制或禁止行业	□ 是　□ 否	小型微利企业	□ 是　□ 否

谨声明：本纳税申报表是根据国家税收法律法规及相关规定填报的，是真实的、可靠的、完整的。

纳税人（签章）：　　　　年　月　日

经办人： 经办人身份证号： 代理机构签章： 代理机构统一社会信用代码：	受理人： 受理税务机关（章）： 受理日期：　年　月　日

国家税务总局监制